P

Deutsch
Rechtschreibung
und Zeichensetzung

POCKET TEACHER

Cornelsen
SCRIPTOR

Der Autor:
Peter Kohrs ist ein erfahrener Deutschlehrer und als Autor von erfolg-
reichen Lernhilfen zur Rechtschreibung und Grammatik bekannt.

Gedruckt auf chlorfrei gebleichtem Papier
ohne Dioxinbelastung der Gewässer.

Die Deutsche Bibliothek – CIP-Einheitsaufnahme

Deutsch. - Berlin: Cornelsen Scriptor
(Pocket Teacher)
Rechtschreibung und Zeichensetzung/Peter Kohrs - 1. Aufl. - 1997
ISBN 3-589-21091-5

Dieses Werk berücksichtigt die Regeln der reformierten Rechtschreibung und Zeichensetzung.

5.	4.	3.	✓	Die letzten Ziffern bezeichnen
2000	99	98		Zahl und Jahr des Drucks.

Redaktion: Heike Friauf, Frankfurt am Main
Typographie: Julia Walch, Bad Soden
Umschlagentwurf: Vera Bauer, Berlin
Herstellung und Satz: Kristiane Klas, Frankfurt am Main
Druck- und Bindearbeiten: Clausen & Bosse
Printed in Germany
ISBN 3-589-21091-5
Bestellnummer 210915

■■■

Inhalt

━━━━━

Vorwort

▪▪▪▪▪▪▪▪▪▪▪▪▪▪▪▪▪▪▪

Liebe Schülerinnen, liebe Schüler!

Der handliche POCKET TEACHER bringt euch viele Vorteile:
Er informiert knapp und genau. Regeln, Erklärungen, Beispiele, Tabellen – alles ist übersichtlich geordnet und leicht
verständlich.

◇ Auf Regeln und Merksätze weist euch immer wieder dieses
Zeichen hin.

Ihr könnt die gewünschten Infos am schnellsten über das
Stichwortverzeichnis am Ende jedes Bandes finden. – Stichwort vergessen? Dann schaut ihr am besten ins Inhaltsverzeichnis und sucht im entsprechenden Kapitel nach dem Wort.
Im Text eurer POCKET TEACHER findet ihr viele farbige Pfeile.
Diese verweisen auf andere Stellen im Buch.

✖ **Beispiel**: ↗ Zusammensetzungen S. 49. Das heißt: Der Begriff
Zusammensetzungen wird auf Seite 49 erläutert.

In diesem POCKET TEACHER Deutsch könnt ihr die wichtigsten
Regeln zur Rechtschreibung und Zeichensetzung nachlesen.
Viele Beispiele und Lerntipps helfen euch, die Regeln zu verstehen und für euer Schreiben zu berücksichtigen.

➤ **Beachte:** Natürlich kann die POCKET-TEACHER-Reihe ausführliche Schulbücher mit Übungen und Beispielen nicht ersetzen. Das soll sie auch nicht. Sie ist eure Merkhilfe-Bibliothek für alle Gelegenheiten, besonders für Hausaufgaben oder
für die Vorbereitung auf Klassenarbeiten.

▪▪▪▪▪▪▪

Grundlagen der Rechtschreibung

1 Buchstabenschrift als Grundlage der Rechtschreibung

Die Zuordnung von Lauten (der gesprochenen Sprache) und von Buchstaben (der geschriebenen Sprache) ermöglicht es Wörter zu lesen und zu schreiben.

Das **Alphabet** besteht aus 26 Buchstaben:

a b c d e f g h i j k l m n o p q r s t u v w x y z

Dazu kommen der Buchstabe ß und die Umlaute ä ö ü.

Zu allen Buchstaben gibt es Großbuchstaben. Eine Ausnahme stellt der Buchstabe ß dar, der in Großbuchstaben SS geschrieben wird.

A B C D E F G H I J K L M N O P Q R S T U V W X Y Z
Ä Ö Ü

Man unterscheidet

♦ Vokale (Selbstlaute): a e i o u
   (dazu zählen auch die Umlaute ä ö ü)
♦ Konsonanten (Mitlaute): b c d f ...
♦ Diphthonge (Doppellaute, Zwielaute): au äu eu ei ai

Der Idealfall für Schriftzeichen wäre, wenn jedem Laut ein bestimmter Buchstabe oder eine bestimmte Buchstabenkonstellation entsprechen würde. Dies ist aber nicht der Fall. Zum Beispiel können in der deutschen Sprache betonte Vokale lang oder kurz gesprochen werden. Im Schriftbild werden sie unterschiedlich gekennzeichnet. Beispiele für die unterschiedliche Kennzeichnung sind auf der folgenden Seite zusammengestellt.

Langer Vokal:

malen, Sahne, Paar, wählen
Meter, lehren, Meer
Bibel, ihn, Flieder, Vieh
Ton, lohnen, Moor, Höhle
suchen, Kuh, kühl

Kurzer Vokal:

Ka (mm) er, Wä (ll) e, Ka (tz) e, la (ck) ieren, Sa (nd)
Ke (tt) e, he (tz) en, He (ck) e, He (lm)
Mi (tt) e, fli (tz) en, ni (ck) en, Hi (rt)
To (nn) e, Hö (ll) e, Klo (tz), Ho (lz), ho (ck) en, son (st)
Mu (tt) er, Fü (ll) e, pu (tz) en, spu (ck) en, Hu (nd)

Diphthonge (Doppellaute) werden immer lang ausgesprochen:

Häuser, Laut, Leute, Mais, Reise

Die besondere Schwierigkeit beim Erlernen der Rechtschreibung besteht also darin, dass die **Zuordnung von Laut und Buchstabe nicht immer eindeutig** ist.

Beispiele:

◆ Laute, die einmal lang, ein andermal kurz ausgesprochen werden, haben im Schriftbild oft den gleichen Buchstaben.
rennen, Ballade, gering
edel, Efeu, Weg
◆ Ein Laut kann durch unterschiedliche Buchstaben bzw. Buchstabenverbindungen bezeichnet werden.
Beispiel [ks]: Häcksel, Hexe, Fuchs, Klecks

Die deutsche Rechtschreibung ist also nicht lauttreu, das heißt, man kann nicht grundsätzlich so schreiben, wie man spricht. Wenn dies so wäre, könnte man zum Beispiel das Wort *Fuchs* auch so schreiben:
Fuks, Fux, Fucks, Vucs ...

2 Methoden für das Erlernen und Üben der Rechtschreibung

Für das Erlernen der Rechtschreibung bedeuten die oben genannten Hinweise, dass man nicht nach dem Prinzip „Schreibe, wie du sprichst" verfahren kann, sondern unterschiedliche Methoden anwenden muss. Dies heißt, man muss unterschiedliche Sinne und Fähigkeiten einsetzen:

- genaues Hinsehen und Einprägen
- genaues Sprechen und Zuhören
- logisches Denken und Regelwissen
- Umgang mit einem Wörterbuch

Folgende Methoden und Tipps sind daher wichtig:

◆ 1. Die Schreibweise durch genaues Hinsehen und sorgfältiges Schreiben fest einprägen

Dies gilt vor allem für schwierige Wörter, die nicht nach einer eindeutigen Regel geschrieben werden.
Beispiele: vielleicht, Vieh
Für die eher unbewusste Einprägung der richtigen Schreibweise ist auch häufiges Lesen wichtig.

◆ 2. Deutlich sprechen und genau hinhören

Beispiele: Dorf – Torf
Fahrrad (nicht: Fahrad)
alarmieren (nicht: alamieren)
vorrangig (nicht: vorangig)

◆ 3. Die Schreibweise erklären

a) Die Schreibweise lässt sich erklären

- durch ein verwandtes Wort (**Räu**ber → **rau**ben),
- durch Verlängern (Ber**g** → Ber**g**e, sie he**b**t → he**b**en),
- durch Vergleichen mit der Schreibung anderer Wörter (Hie**b**e → Trie**b**e).
  Weitere Beispiele:
  behände → Hand
  fährt → fahren

gräulich → Grauen, grauenhaft
hupt → hupen
nummerieren → Nummer
platzieren → Platz
Quäntchen → Quantum
säubern → sauber
Stängel → Stange
Staub → staubig
überschwänglich → Überschwang

Manche Wörter kann man auf zweierlei Weise schreiben, je
nachdem, wie man sie erklärt:
Schenke → ausschenken   oder   Schänke → Ausschank
aufwendig → aufwenden   oder   aufwändig → Aufwand
Bei manchen Wörtern lässt sich die Schreibung durch Vergleich erklären:
rau (Gegenteil von glatt) – weil auch *blau*, *grau*, *genau*,
schlau geschrieben wird
Rad fahren – weil auch *Auto fahren*, *Ski fahren*, *Halt machen*
geschrieben wird
Zierrat – weil auch *Vorrat* geschrieben wird
Känguru – weil auch *Gnu, Kakadu* geschrieben wird

b) Die Schreibweise lässt sich erklären, indem man sich Regeln zur Rechtschreibung bewusst macht.

Beispiele:

◆ Die Grundregel bei Wortzusammensetzungen heißt: Treffen
  bei Zusammensetzungen mehrere Buchstaben zusammen, so
  schreibt man alle; es darf also kein Buchstabe wegfallen:
  Rohheit (aus *roh* und *heit*), selbstständig (aus *selbst* und *stän-
  dig*), ebenso: Pappplakat, Balletttänzer, Flusssand, Seeelefant,
  Teeecke.
  Um das zusammengesetzte Wort besser zu gliedern und damit
  deutlicher lesbar zu machen, darf man auch so schreiben:
  Bett-Tuch, Ballett-Tänzer

◆ Das folgende Wort darf man auf zweierlei Weise schreiben:
  selbständig oder selbstständig

c) Zur Erklärung der Schreibweise lässt sich auch grammatisches Wissen anwenden.

Beispiele: Es gibt <u>wenig</u> Neues.
In der Pausenhalle war <u>ein dauerndes</u> Kommen und Gehen.
Um Adjektiv und Verb in den Beispielsätzen richtig zu schreiben, muss man Folgendes wissen: Nomen (Substantive) werden großgeschrieben. Auch alle anderen Wortarten können im Satz die Aufgabe der Nomen übernehmen und werden dann ebenfalls großgeschrieben. In den Beispielsätzen sind das Adjektiv *neu* und die Verben *kommen* und *gehen* zu Nomen geworden. Sie haben wie Nomen jeweils einen bzw. mehrere Begleiter *(wenig/ein dauerndes)* bei sich.

◆ 4. Auf die Bedeutung achten

Beispiele:

Lärche (Baum)	Lerche (Singvogel)
Lid (Auge)	Lied (Gesang)
Mal (ein einziges Mal)	Mahl (Essen)
Seite (Buch)	Saite (Instrument)
Wal (Säugetier)	Wahl (eines Abgeordneten)
wieder (noch einmal)	wider (gegen)

◆ 5. Bei Unsicherheit: immer das Wörterbuch befragen

Um das Wörterbuch benutzen zu können, sollten Schreiberinnen und Schreiber die Technik des Nachschlagens beherrschen (zum Beispiel: Kenntnis des Alphabets, Sicherheit beim Auffinden der Buchstaben-Reihenfolge). Wichtig ist auch, dass man ein Bewusstsein und ein Gespür entwickelt für mögliche Fehlerquellen und unterschiedliche Schreibmöglichkeiten.

Schreibung bestimmter Vokale und Vokalverbindungen

3 Kurze und lange Vokale – ihre besondere Kennzeichnung im Schriftbild

Die Kürze oder die Länge des Vokals wird im Schriftbild unterschiedlich gekennzeichnet.

Kurzer betonter Vokal (Schärfung): zum Beispiel durch Verdoppelung des folgenden Konsonanten (Sonderregelung bei tz und ck ⌐ S. 14).

Beispiele: Kanne, Matte, Hass, hell, bitten, Tipp, Tonne, brummen, dumm

Katze, Lack, hetzen, Hecke, flitzen, nicken, Trotz, trocken, Schmutz, ducken

Beachte: Bei Fremdwörtern kann die Schreibweise von dieser Regel abweichen.
Beispiele: Klub, fit (⌐ Fremdwörter S. 14)

Langer Vokal (Dehnung): durch Dehnungs-h, durch Verdoppelung des Vokals oder ohne Längezeichen (Sonderregelung: Dehnungszeichen e beim lang ausgesprochenen [i], ⌐ S. 17).

Beispiele:
kam, Kahn, Paar
Meter, Kehle, See
Bibel, ihn, sieben, Vieh
Ton, Sohn, Moor
Schule, Huhn

Bei den folgenden Beispielen sind ähnliche Wörter unterschiedlicher Bedeutung mit kurz und lang ausgesprochenem Vokal gegenübergestellt.

Dehnung (langer Vokal)	Schärfung (kurzer Vokal)
der Kahn	die Kanne
er kam	die Kammer
der Sohn	die Sonne
der Ton	die Tonne
wählen	die Wälle
der Wal	der Wall
wohnen	die Wonne

3.1 Schreibung von Konsonanten nach kurzem betonten Vokal (Schärfung)

Ein Konsonant nach einem kurzen betonten Vokal wird meist verdoppelt, es sei denn, es folgt noch ein anderer Konsonant (Wellen – welken; Nesseln – Nester).

✖ **Beispiele** für Konsonantenverdoppelung:
Affe, ein bisschen, Hass, er hatte, hoffen, er kann, lassen, Lotterie, nimm!, Porzellan, sie tritt, schlimm, wann

Bei verwandten Wörtern oder Formen, die man aufeinander beziehen kann, bleibt die Verdoppelung erhalten.

✖ **Beispiele:**
der Galopp – galoppieren
er kann – können
er kannte – kennen
die Kontrolle – kontrollieren
die Nummer – nummerieren
(Ausnahmen ↗ folgende Seite)

➤ Beachte die Ausnahmen:

Bei einigen Wortgruppen wird der Konsonant nicht verdoppelt, obwohl ein betonter kurzer Vokal vorausgeht. Dies betrifft:

◆ Wörter mit Bestandteilen, die nicht selbstständig vorkommen, zum Beispiel:
Brombeere, **Im**biss, **Wal**nuss

◆ einsilbige Fremdwörter (oft aus dem Englischen übernommen), zum Beispiel:
Klub, Mob, Gag, Twen, Bus (aber: Busse), fit (aber: fitter), Jet (aber: jetten), Slip

◆ Fremdwörter wie: Profit, Kapitel, Roboter, April, Ananas, Hotel, Kamera, Mini

◆ bestimmte einsilbige Wörter, zum Beispiel:
an, ab, bis, es, man, mit, ob, plus, um, von, was

◆ die folgenden Verbformen: ich bin, er hat

3.2 Besondere Regelungen: k und ck, z und tz

Für die Verdoppelung von Konsonanten nach kurzem Vokal gilt für die Schreibung der Laute [k] und [z] eine besondere Regelung. Da es in deutschen Wörtern kein kk und kein zz gibt, schreibt man ck und tz, wenn ein kurzer betonter Vokal vorausgeht.

✖ Beispiele: Acker, Bäcker, Gebäck, locken, Reck

Katze, Klotz, sitzen, Schutz, Tatze

Folgt nach kurzem Vokal neben k bzw. z noch ein weiterer Konsonant, so wird nur k bzw. nur z geschrieben.
Hier gilt dann die bekannte Eselsbrücke: „Nach l, m, n, r, das merke ja, steht nie tz und nie ck!"

✖ Beispiele: Harke, Bank, Balken, Imker

Herz, Holz, ranzig

Nach langem Vokal oder Diphthong (Doppellaut) wird k bzw. z geschrieben.

Beispiele: Laken, Pauke, quaken
Dezember, siezen, heizen, Kauz, Kreuz

Beachte: Bei **Fremdwörtern** wird von der Schreibung mit ck bzw. tz abgewichen.
Statt ck schreibt man **kk** oder **k**:
Akkusativ, Akkordeon, Makkaroni, Mokka, Sakko
Aktion, aktiv, direkt, Doktor, Fabrik, Kritik, Plastik, Politik, perfekt
Statt tz schreibt man **zz**:
Pizza, Razzia, Skizze, Terrazzo

3.3 Die Schreibung langer Vokale (Dehnung)

Lange Vokale werden im Schriftbild unterschiedlich gekennzeichnet.

a) Man schreibt sie **oft ohne Längezeichen**, das heißt, nur mit dem einzelnen Buchstaben.

Beispiele: Bad, reden, Tiger, Mode, tun

Beachte: Das Präfix (Vorsilbe) *ur-* und die Suffixe (Nachsilben) *-bar*, *-sal*, *-sam* werden immer ohne Längezeichen geschrieben.
Beispiele: mühsam, sonderbar, Trübsal

b) Man schreibt oft **mit dem Längezeichen h**, wenn einem betonten langen Vokal (oder dem Doppellaut ei) ein unbetonter kurzer Vokal folgt oder in erweiterten Formen folgen kann.

Beispiele:
Krähe
fähig
drehen, Drehung
drohen, Drohung
Flöhe (Floh)
früher (früh)
Gegenbeispiele: heiter, Ton (Töne), Tür (Türen)

Mit dem Längezeichen h wird auch oft geschrieben, wenn einem betonten lang ausgesprochenen Vokal l, m, n oder r folgt.

✖ **Beispiele: l**ah**m, a**hn**en, R**uhm**, U**hr**, H**uhn**, H**öhl**e, M**öhr**e, f**ühl**en, B**ühn**e

Das h als Dehnungszeichen bleibt meistens auch in verwandten Wörtern erhalten.

✖ **Beispiele:**
fah**ren – Fähre, Abfahrt, Gefährt
feh**len – Fehler, Fehltritt
flieh**en – er floh, geflohen, Fliehkraft
leih**en – sie leiht, sie lieh, Leihgabe
seh**en – er sah, gesehen, der Seher
steh**len – er stiehlt, gestohlen, Diebstahl

➤ **Beachte:** Bei den folgenden gleich ausgesprochenen, aber unterschiedlich geschriebenen Wörtern muss man unterscheiden und auf die Bedeutung achten.

deh**nen (erweitern)	de**nen (Pronomen: So etwas passiert denen nie!)
Mah**l (Essen)	Ma**l (das Mal, das andere Mal)
mah**len (Getreide)	ma**len (Bild)
Soh**le (Schuh)	So**le (Salz)
Wah**l (Abstimmung)	Wa**l (Säugetier)
wah**r (richtig)	wa**r (Präteritum von *sein*: Es war sehr warm.)

◆ c) Man kennzeichnet manchmal den lang ausgesprochenen Vokal **durch Verdoppelung**, und zwar bei den Vokalen a, e und o.

Beispiele:
aa: Aal, Aas, Haar, Paar, Saal, Staat, Waage
ee: Beere, Beet, Fee, Klee, Schnee, See, Speer, Tee, Teer
oo: Boot, Moor, Moos, Zoo

➤ **Beachte:** Bei den folgenden gleich lautenden Wörtern muss man Schreibung und Bedeutung unterscheiden:

Waagen (Messgeräte)	Wagen; etwas wagen
Heer	her (Komm mal her!)
leeren (etwas ausleeren)	lehren (jemandem etwas beibringen)
Meer	mehr
Moor	Mohr
Reede (Hafen)	Rede (Ansprache)
Seele, seelisch	selig

➤ **Beachte:** Bei **Umlauten** gibt es keine Verdoppelung.
Beispiele: Haar – Härchen, Paar – Pärchen, Saal – Säle, Boot – Bötchen

3.4 Sonderregelung: Längezeichen bei lang ausgesprochenem [i]

Das lang ausgesprochene [i] wird im Schriftbild meistens durch **ie** wiedergegeben.

✖ **Beispiele:** bieten, Diebe, Hiebe, hier, Liebe, Siebe, Triebe, wieder

Manchmal wird das lang ausgesprochene [i] durch den Einzelbuchstaben **i** wiedergegeben.

✖ **Beispiele:** Bibel, Biber, Brise, dir, Fibel, du gibst, er gibt, Igel, mir, Nische, Primel, Tiger, wir, Wisent

Selten wird der lange i-Laut zusätzlich durch den Buchstaben **h** gekennzeichnet.

◆ Diese wenigen Wörter muss man sich merken:
ih: ihm, ihn, Ihnen, ihr
ieh: fliehen, Vieh, wiehern, ziehen

Beachte: Die folgenden gleich klingenden Wörter haben eine unterschiedliche Bedeutung und werden unterschiedlich geschrieben.

wieder (erneut, zurück)	**wider** (gegen)
wiedergeben	widersprechen
wiederholen	widerlegen
wiederbekommen	widerspiegeln
wiederbringen	widersetzen

Auch bei den folgenden Beispielen sind Schreibweise und Bedeutung zu unterscheiden:

Fieber (erhöhte Temperatur)	Fiber (Faser)
Lied (Gesang)	Lid (Auge)
Miene (Gesicht)	Mine (Kugelschreiber)
Stiel (Besen)	Stil (Aufsatz)

4 Leicht verwechselbare Vokale, Umlaute, Doppellaute: ä und e, äu und eu, ai und ei

4.1 Wörter mit ä und Wörter mit e

Die Schreibung von ä und e kann man nicht eindeutig heraushören. Man muss sich die Schreibweise entweder merken oder sie ableiten.

Beispiele: älter, Eltern, er fährt, fremd, Hemd, Pferd

4.2 Schreibung mit ä

Mit ä werden Wörter geschrieben, zu denen es in der Regel ein verwandtes Wort mit a gibt.

Beispiele:
er fällt → fallen
Hähne → Hahn
Kämme → Kamm
quälen → Qual
Ställe → Stall
täglich → Tag

Beachte: Manche Wörter mit ä muss man sich merken, weil es keine Ableitung mit a gibt.
allmählich, dämlich, fähig, gähnen, Gerät, Gräte, Käfer, Käfig, Käse, Mähne, nämlich, schräg, spät, Träne, während, zäh

Beachte: Bei den folgenden Wörtern muss man Schreibweise und Bedeutung unterscheiden.

Ehre	Ähre (Korn)
Feld	er fällt
Felle	Fälle (→ Fall)
Lerche (Vogel)	Lärche (Baum)
Schwemme (Überfluss)	Schwämme (→ Schwamm)
Segen	sägen
Stelle	Ställe (→ Stall)
Welle	Wälle (→ Wall)
Wende	Wände (→ Wand)
Zeh	zäh

➤ **Beachte:** Hier kannst du die Schreibweise selbst bestimmen, je nachdem, von welchem Wort du ableitest:
Schänke (→ Ausschank) oder Schenke (→ schenken)
aufwändig (→ Aufwand) oder aufwendig (→ aufwenden)

4. Wörter mit äu und Wörter mit eu

Die beiden Doppellaute werden gleich ausgesprochen; die Schreibweise lässt sich also nicht heraushören.

✹ **Beispiele:** Eule, Feuer, Häute, Räuber, Säule, teuer

4.4 Schreibung mit äu

Mit äu werden die Wörter geschrieben, zu denen es in der Regel ein verwandtes Wort mit au gibt.

✹ **Beispiele:**
Bäuerin → Bauer
Gräuel → grauenhaft
häufig → Haufen
Häuser → Haus
Käuzchen → Kauz
läuten → laut
sich schnäuzen → Schnauze
verbläuen → blau

➤ **Beachte:** Die Schreibung der folgenden Wörter muss man sich gut merken. Es gibt dazu keine Ableitung mit au:
das Knäuel, sich räuspern, die Säule

➤ **Beachte:** Das folgende Wort hat zwei Bedeutungen:
gräulich (→ grau) – gräulich (→ grauenvoll)

➤ **Beachte:** Bei den folgenden Wörtern muss man die Schreibweise und die Bedeutung unterscheiden:
heute   die Häute (→ Haut)
die Leute   läute! (→ läuten)

4.5 Wörter mit ei und Wörter mit ai

Die meisten Wörter mit diesem Doppellaut werden mit ei geschrieben.

Beispiele: beißen, Ei, eifrig, Feile, Meister ...

4.6 Schreibung mit ai

Nur wenige Wörter werden mit ai geschrieben; diese (und ihre Ableitungen) muss man sich gut merken.

Beispiele:
Hai (Haifisch, ...)
Kaiser (Kaiserpalast, ...)
Mai (Maiwetter, ...)
Mais (maisgelb, ...)
Laib (viele Laibe Brot)
laichen
Laie (laienhaft, ...)
Waise (Waisenrente, ...)

Beachte bei den folgenden Wörtern die unterschiedliche Bedeutung und die unterschiedliche Schreibweise.

Leib (Körper)	Laib (Brot)
Seite (die rechte Seite)	Saite (bei einem Instrument)
Weise (Lied)	Waise (elternloses Kind)

Schreibung von *das* und *dass*

5 Die unterschiedlichen Aufgaben von *das* und *dass*

Bei der Schreibung der Wörter *das* und *dass* muss man sich die unterschiedlichen Wortarten und ihre Aufgaben im Satz klarmachen.
Der folgende Merksatz enthält alle Wortarten:
Das weiß ich doch ganz genau, dass das Wort *dass* ein Bindewort ist, das mit ss geschrieben wird.

Lerntipp: Als Faustregel für die Schreibung kann man sich merken: Wenn man durch *ein, dieses, jenes, welches* ersetzen kann, wird *das* geschrieben.

das	Wortart: **Artikel** (Begleiter des Nomens) **Beispiel: Das** Mädchen kommt. Ersatzprobe: **Ein** Mädchen kommt.
das	Wortart: **Demonstrativpronomen** (hinweisendes Fürwort) **Beispiel:** Sie wissen **das** nicht. Ersatzprobe: Sie wissen **dieses** (dies, jenes) nicht.
das	Wortart: **Relativpronomen** (bezügliches Fürwort) **Beispiel:** Er vermisst das Buch, **das** er verliehen hat. Ersatzprobe: Er vermisst das Buch, **welches** er verliehen hat.

Das Relativpronomen kann auch eine Präposition bei sich haben.

Beispiele: Das Heft, in **das** (in welches) ich die Hausaufgabe eingetragen haben, ist mir abhanden gekommen.

Er schenkt seiner Schwester das kleine Kuscheltier, für **das** (für welches) er viel Geld ausgegeben hat.

dass	Wortart: **Konjunktion** (Bindewort) Die Konjunktion leitet immer einen Gliedsatz ein und verbindet diesen mit einem Hauptsatz oder einem anderen Gliedsatz. **Beispiel:** Aysche versteht nicht, **dass** Kurt nicht kommt. Die Ersatzwörter für *das (ein, dieses, jenes, welches)* kannst du hier also nicht einsetzen.

Schreibung bestimmter Konsonanten und Konsonantenverbindungen

6 Schreibung der s-Laute

6.1 Weich und scharf ausgesprochene s-Laute

S-Laute können auf zweierlei Weise ausgesprochen werden:

◆ a) weich (gesummt, stimmhaft)

Beispiele: sauer, säuseln, Esel, Saat, leise, verreisen

◆ b) scharf (gezischt, stimmlos)

Beispiele: Gras, Hass, grüßen, Fluss, besser, er las

Zu a): Die Beispiele machen deutlich, dass der weich ausgesprochene s-Laut immer mit einfachem s geschrieben wird.

✖ **Beispiele:** Rose, Bluse, Sand, böse, losen

➡ **Beachte:** Das weiche oder stimmhafte s wird im Süden Deutschlands oft gezischt oder stimmlos gesprochen. Die Schülerinnen und Schüler haben es hier also besonders schwer, weil sie **nicht hören**, wenn man s schreibt (leise, rasen). Sie müssen sich die **Schreibweise einprägen** oder **im Wörterbuch nachsehen**, wenn sie unsicher sind.

Zu b): Bei dem scharf oder gezischt ausgesprochenen s-Laut unterscheidet man drei Schreibweisen, die Schreibung mit einfachem s, mit ss und mit ß.

6.2 Schreibung mit s

Die meisten scharf ausgesprochenen, doch mit einfachem s geschriebenen s-Laute kann man durch Ableitung oder durch Verlängern erklären. Man hört dann bei der Ableitung das weich ausgesprochene s.

Beispiele:
Eis → eisig
Glas → Gläser
häuslich → Häuser
er las → lesen
Preis → Preise

Beachte die Ausnahmen!

◆ aus, es, raus, was
◆ das (Artikel oder Pronomen) (↗ S. 22)
 Beispiel: Sie kauft sich das (Artikel) Buch, das (Pronomen) ihr empfohlen wurde.
◆ manche Wörter mit st (am Anfang des Wortstammes wie [scht] ausgesprochen)
 Beispiele: steif, Stufe, er stand, verstehen
◆ Wörter mit sp (wie [schp] ausgesprochen)
 Beispiele: zerspalten, verspotten, Spaten, spielen, sparen

6.3 Schreibung mit ss

Wenn man bei scharf oder gezischt ausgesprochenen Wörtern die Schreibung mit einfachem s nicht ableiten kann (Los – losen, 6.2 Schreibung mit s ↗ S. 25 oben), wird immer dann ss geschrieben, wenn ein **kurzer** betonter Vokal oder Umlaut vorausgeht.

Beispiele:

im Wortinnern	vor Konsonant	am Wortende
küssen	sie küsst	Kuss
hassen	er hasst	Hass
passen	es passt	Pass
		dass

Beachte die Ausnahmen: Bestimmte **Endungen** werden mit einfachem s geschrieben, obwohl der s-Laut scharf ausgesprochen wird und man die Schreibung mit s nicht ableiten kann. Es handelt sich dabei um die Endungen *-as, -is, -nis, -os, -us*.
Beispiele: Atlas, Krisis, Gefängnis, Albatros, Globus

Beachte weiter: Bei manchen dieser Wörter steht im **Plural** ss, sofern keine andere Pluralform gewählt wird und das s am Wortende erhalten bleibt.
Beispiele: Atlasse/Atlanten, Krisen, Gefängnisse, Albatrosse, Globusse/Globen, Ereignisse, Zeugnisse

Beachte und unterscheide:

Aas (verwesende Tierleiche)	Ass (Spielkarte)
bis (Konjunktion)	Biss (→ beißen)
das (Artikel, Pronomen)	dass (Konjunktion) (↗ S. 23)
fast (beinahe)	er fasst (→ fassen)
du hast (→ haben)	du hasst (→ hassen, Hass)
er ist (→ sein)	er isst (→ essen)
Küste	er küsste (→ küssen)
Nest	er nässt (→ nässen, nass)

6.4 Schreibung mit ß

Wenn man bei scharf oder gezischt ausgesprochenen Wörtern
die Schreibung mit einfachem s nicht ableiten kann
(↗ S. 25 oben), wird immer dann ß geschrieben, wenn ein
langer betonter Vokal oder Doppellaut vorausgeht.

✖ Beispiele:

im Wortinnern	vor Konsonant	am Wortende
grüßen	er grüßt	Gruß
fließen	es fließt	Floß
heißen	sie heißt	weiß
Maße	es gießt	Maß
Größe	sie büßt	groß

Da bei manchen Wörtern bei der Flexion (Beugung) und bei
Ableitungen die Länge und Kürze des Vokals wechseln,
wechselt entsprechend auch die Schreibung von ss und ß.

✖ Beispiele:

Vokal lang gesprochen	**Vokal kurz gesprochen**
fließen, Floß	Fluss, er floss
genießen	er genoss, Genuss, Genüsse
Maß	messen
schießen	er schoss, Schuss

➤ Beachte: Wenn der Buchstabe ß nicht zur Verfügung steht,
schreibt man ss, zum Beispiel bei der Schreibung in Großbuchstaben.
Beispiel: Straße – STRASSE

7 Schreibung der x-Laute: x, ks, cks, chs

Der x-Laut wird am **Wortanfang** mit **x** geschrieben.
Beispiele: Xylophon, Xanthippe

Im **Wortinnern** gibt es für den x-Laut verschiedene Schreibweisen.

- mit **x**: Axt, boxen, feixen, Hexe, mixen, Nixe, Luxus, Praxis, Taxi
- mit **chs**: Achsel, Büchse, Deichsel, wachsen, Wechsel
- mit **ks**: schlaksig, murksen

Am **Wortende** kommen alle Möglichkeiten der Schreibung vor.

- mit **x**: Box, fix
- mit **chs**: Dachs, Frechdachs
- mit **ks**: Keks, Koks, links
- mit **gs**: flugs (→ fliegen), geradewegs (→ Wege)
- mit **cks**: augenblicks (→ Augenblick), Knicks (→ Knick)

Die bei der Flexion (Beugung) der Wörter und in Ableitungen entstehende x-Laut-Verbindung wird je nach dem Stammwort mit **gs**, **ks** oder **cks** geschrieben.
Beispiele: du pflegst (→ pflegen), du hinkst (→ hinken), Häcksel (→ hacken), du druckst (→ drucken)

8 Schreibung der f-Laute: f, v, ph, pf

8.1 Schreibung mit f

Die meisten f-Laute werden mit f geschrieben.
Beispiele: Efeu, fallen, fort, Sofa

8.2 Schreibung mit v

Für den Laut [f] schreibt man v

- bei dem Präfix **ver-**,
- am Anfang und Ende einiger weiterer Wörter.
  Beispiele:
  verlaufen, **ver**raten
  Veilchen, Vetter, Vieh, viel, vielleicht, vier, Volk, von, vorn
  aktiv, Nerv

Vergleiche auch die Schreibung mit v in Fremdwörtern
⬈ auf dieser Seite.

8.3 Schreibung in Fremdwörtern

◇ v in Fremdwörtern

In Fremdwörtern schreibt man regelmäßig v für den Laut [w].
Beispiele: Aktivität, Privat, Revolution, Vase

◇ ph in Fremdwörtern

In Fremdwörtern wird der Laut f häufig mit ph geschrieben.
Beispiele: Atmosphäre, Strophe (⬈ S. 67)

Bei manchen Fremdwörtern gibt es seit längerem eine bevorzugte deutsche Schreibweise (zum Beispiel: telefonieren, Telefon, Foto, fotografieren), die fremdsprachige Schreibweise bleibt jedoch weiterhin erlaubt. (⬈ S. 68)
Bei anderen Wörtern wird die Schreibweise mit ph bevorzugt (zum Beispiel: Paragraph, Delphin), die Schreibweise mit f ist jedoch erlaubt. (⬈ S. 67)

8.4 Schreibung mit pf

Im **Anlaut** ist die Schreibung mit pf nur bei überdeutlicher Aussprache herauszuhören.

Beispiele: Pferd, Pfad, Pflaume

Im **Inlaut** kann man pf bei deutlichem Sprechen gut heraushören.

Beispiele: Apfel, rupfen, klopfen

Groß- und Kleinschreibung

9 Großschreibung am Anfang bestimmter Texteinheiten

a) Großgeschrieben wird das erste Wort einer Überschrift, eines Titels, einer Anschrift und einer Grußformel.

Beispiele:
Kleines Wörterbuch für die Schule
Der Zauberlehrling (von Johann Wolfgang von Goethe)
Herrn Johannes Klein
Sehr geehrte Frau Albers

b) Großgeschrieben wird das erste Wort eines Satzes.

Beispiele:
Heute waren wir auf der Kirmes.
Beachtet bitte: **M**orgen beginnen wir mit der Lektüre!

10 Großschreibung von Nomen (Substantiven)

Nomen schreibt man groß.
Man kann sie oft daran erkennen, dass sie einen **Begleiter** bei sich haben oder bei sich haben können. Dies kann ein Artikel sein (**der** Hund, **eine** Katze), es kann auch ein anderer Begleiter sein, zum Beispiel

- ein Pronomen (**mein** Vater),
- ein Adjektiv (ein **kleiner** Junge),
- ein Numerale (**zwei** Mädchen).

Der Artikel kann manchmal auch versteckt sein.
Beispiele: im Haus – in dem Haus, zum Bäcker – zu dem Bäcker

Nomen kann man mit Hilfe der **Artikelprobe** herausfinden:
Vor ein Nomen kann man einen bestimmten Artikel (der, die,
das) oder einen unbestimmten Artikel (ein, eine, ein) setzen.
Oft taucht der Artikel selbst im Satz auf.

✖ **Beispiele:**
der Bleistift, **die** Hand, **der** bissige Hund, **ein** kleines Kind,
ein freundlicher Mensch
der Abend, **der** Traum, **das** Verständnis
Eines Morgens traf sie auf **dem** Pausenhof **einen** alten Be-
kannten.

Manche Nomen kann man bereits an ihren **Suffixen (Endungen)** erkennen. So sind Wörter mit den Suffixen -heit, -keit,
-nis, -schaft, -tum, -ung immer Nomen.

✖ **Beispiele:** Rauheit, Heiterkeit, Ergebnis, Bürgerschaft, Hei-
ligtum, Belohnung

Die Grundregel „Nomen schreibt man groß" gilt auch

◆ für die Zusammensetzungen mit Bindestrich, die als Nomen
  (Substantiv) gemeint sind:
  der Trimm-dich-Pfad, die A-Gruppe (Ausnahme ↗ S. 33
  oben)
◆ für Wörter aus anderen Sprachen:
  das Center, der Drink, das Make-up
◆ für Nomen, die in festen Gefügen auftreten:
  mit Bezug auf, in Bezug auf, von Seiten, außer Acht lassen,
  Angst haben, auf etwas Wert legen, im Grunde, in Hinsicht
  auf, Recht haben, jemandem Angst und Bange machen, Leid
  tun, Rad fahren, Auto fahren, Schuld geben, Pleite gehen, eines Abends, des Nachts, letzten Endes
◆ für Zahlsubstantive:
  eine Million, ein Dutzend
◆ für Bezeichnungen von Tageszeiten nach den Adverbien
  heute, *gestern*, *vorgestern*, *morgen*, *übermorgen*

✖ **Beispiele:** Wir sehen uns **heute** **M**orgen.
Wir waren **gestern** **A**bend im Kino.
Schon **morgen** **N**achmittag sehen wir uns wieder.

Beachte: Nicht großgeschrieben wird, wenn am Anfang einer Zusammensetzung Einzelbuchstaben oder Abkürzungen stehen, die man auch sonst kleinschreibt. (↗ 22 Schreibung mit Bindestrich S. 65)

Beispiele: s-Laut, i-Punkt, km-Angabe

11 Nominalisierung (Substantivierung) anderer Wortarten

Auch die anderen Wortarten können im Satz die Aufgabe von Nomen übernehmen und werden dann großgeschrieben. Man spricht in diesen Fällen von Nominalisierung (Substantivierung).

Auch hier gilt der **Begleiter**, wie bei Nomen, als wichtigstes Kriterium für die Großschreibung.

So kann man in den folgenden Sätzen die Großschreibung bestimmter Wortarten an ihrem Begleiter erkennen:

Ich wünsche dir **alles G**ute.

Es herrschte **ein K**ommen und **G**ehen.

Jeder Einzelne ist letztlich für sich selbst verantwortlich.

Beachte: Adjektive, Partizipien und Pronomen, die sich auf ein vorhergehendes oder nachstehendes Nomen beziehen, werden kleingeschrieben.

Beispiel: Alte **Regeln** sind manchmal leichter als **n**eue.

In diesem Falle liegt keine Nominalisierung (Substantivierung) vor.

Die Zahladjektive *viel*, *wenig*, *eine*, *andere*, *meiste* werden immer kleingeschrieben (↗ S. 41 unten).

Beispiele: Während **die einen** noch mit ihrer Entscheidung zögern, wissen **die anderen** längst, was sie haben wollen.
Das andere, was ich dir noch sagen wollte, war nicht so wichtig.

Wir haben leider durch diesen Zwischenfall **das meiste** verloren, was wir für den Ausflug eingepackt hatten.

Beide stimmten **in vielem** überein.

11.1 Großschreibung von Verben

In den folgenden Fällen werden Infinitive von Verben zu Nomen (Substantiven) und großgeschrieben.

◆ Vor dem Verb steht ein Artikel; dann wird es als Nomen gebraucht und großgeschrieben.

Beispiel: Das Lesen strengt ihn an.

◆ Das Verb steht zwar allein, aber man könnte einen Artikel davor setzen.

Beispiel: Hier ist **Meckern** erwünscht.

Hier ist **das Meckern** erwünscht.

◆ Wie bei einem Nomen kann anstelle eines Artikels vor dem Verb ein Pronomen (Fürwort) stehen (*dieses*, *mein*, *jenes*, *welches*).

Beispiele: Sein Schnarchen weckte sie auf.

Jenes ferne **Grollen** kündigte ein Gewitter an.

◆ Nach den Präpositionen *am*, *beim*, *vom*, *zum*, *im* (sowie *ans*, *aufs*, *ums*, *ins*) werden Verben großgeschrieben. In diesen Wörtern ist ein Artikel enthalten (am = an dem).

Beispiel: Er geht **zum Schwimmen**.

Er geht **zu dem Schwimmen**.

◆ Auch nach anderen Präpositionen können Verben großgeschrieben werden (*für*, *durch*, *ohne*, *gegen*).

Beispiel: Durch Laufen kann man sich fit halten.

(Vergleiche auch oben: Durch das Laufen ...)

◆ Wie bei einem Nomen kann vor einem Verb ein flektiertes Adjektiv stehen.

Beispiele: Im Hausflur ist **lautes Rufen** störend.

Auch **leises Flüstern** kann die anderen in ihrer Konzentration stören.

11.2 Großschreibung von Adjektiven und Partizipien

Adjektive und Partizipien (zum Beispiel *findend*, *nachstehend*, *bekannte*) können wie Nomen gebraucht werden. Sie werden dann großgeschrieben.

Adjektive und Partizipien werden in folgenden Fällen großgeschrieben:

- ◆ Der Artikel bezieht sich auf das Adjektiv oder Partizip.

✖ Beispiele: Das Gute überzeugt mit der Zeit.

Das dort zu **Findende** ist von großer Qualität.

Das bereits **Bekannte** sollte man nicht übersehen.

Das Nachstehende muss auch gelesen werden.

- ◆ Der Artikel ist in einem anderen Wort versteckt.
  Beispiele: Er erkannte sie **am** (an dem) **Blau** ihres Kleides.
  Er war **aufs** (auf das) **Schlimmste** gefasst.
- ◆ Adjektive und Partizipien stehen in Verbindung mit den folgenden Wörtern:
  viel, wenig, alles, nichts, allerlei, manches
  Beispiel: Er erfuhr **nichts Neues**.
- ◆ Der Artikel fehlt. Es könnte aber ein Artikel stehen oder er könnte durch Wörter wie *wenig, nichts* (siehe die vorhergehende Möglichkeit) ersetzt werden.
  Beispiele: Er fuhr **bei** (dem) **Rot** über die Ampel.
  Er erfuhr (etwas) **Gutes** und **Böses**.

Beachte: Adjektive, Zahladjektive und Partizipien, die sich im Satz auf ein vorhergehendes oder nachstehendes Nomen beziehen, werden kleingeschrieben.
Beispiele:

Er liest viele Bücher, die spannendsten zuerst.

Acht Teilnehmer waren erschienen, auf den neunten wartete ich vergebens.

Sie ist die bekannteste von allen Sportlerinnen. (↗ S. 41)

Beachte: Immer kleingeschrieben werden die Zahladjektive
die einen, die anderen, die wenigen, die vielen, die meisten
(↗ S. 41 unten).

Der **Superlativ** bei der Steigerung von Adjektiven wird in der Regel kleingeschrieben, wenn nach ihm mit „wie?" gefragt werden kann.

✖ **Beispiel:** Heute war es **am schönsten**. **Wie** war es? Antwort: am schönsten.

Superlative werden jedoch großgeschrieben, wenn mit „auf was?" oder „an was?" gefragt werden kann.

✖ **Beispiele:** Sie sind **aufs** (auf das) **B**este angewiesen. (auf was?)
Es fehlt ihnen **am** (an dem) **N**otwendigsten. (an was?)

Großgeschrieben werden auch Adjektive und Partizipien in festen Wendungen.

✖ **Beispiele:** Sie lässt sich **nicht das Geringste** anmerken.
Im Großen und Ganzen hat es ihm gefallen.
Außerdem: im Trüben fischen
auf dem Laufenden sein
das Weite suchen
etwas zum Besten geben
aus dem Vollen schöpfen
ins Reine bringen
im Allgemeinen

11.3 Großschreibung von Pronomen

Auch Pronomen können, wie alle anderen Wortarten, im Satz zum Nomen werden und sind dann großzuschreiben.
Beispiele: Sie bot ihm das **Du** an.
Er hatte das gewisse **Etwas**.

➤ **Beachte:** Hier kannst du auf **zweierlei** Weise schreiben, je nachdem, ob du den Ausdruck als Nomen oder als Pronomen auffasst.
Beispiele: Grüß mir die Deinen/die deinen.
Jedem das Seine/das seine.
Ich trage das Meine/das meine zum Gelingen bei.

Beachte: In bestimmten Fällen werden Pronomen, auch wenn sie im Satz Stellvertreter von Nomen sind, kleingeschrieben. (Kleinschreibung Punkt c) ↗ S. 42 oben)
Beispiele: Hier hat sich schon (ein) **mancher** verirrt.
Das muss (ein) **jeder** selbst wissen.
Man sollte mit (den) **beiden** mal reden.

11.4 Großschreibung von Anredepronomen

Die Höflichkeitsform des Anredepronomens bzw. Possessivpronomens wird großgeschrieben (Sie, Ihre, Ihnen).
Beispiel: Ich möchte **Ihnen** mitteilen, dass meine Tochter Maria gestern krank war und nicht zur Schule kommen konnte. Ich bitte **Sie** ihr Fehlen zu entschuldigen ...

Die Anredepronomen *du*, *ihr*, *dein*, *euer* werden immer kleingeschrieben; dies gilt auch für Briefe.
Beispiel: Lieber Micha, herzliche Grüße sende ich **dir** aus meinem Urlaubsort. Über **deinen** Brief habe ich mich sehr gefreut ...

11.5 Großschreibung von Adverbien

Auch Adverbien können im Satz zu Nomen werden.
Beispiele: Im **Nachhinein** verstehe ich alles.
Man sollte öfter an das **Hier** und **Heute** denken.
Das **Gestern** und **Vorgestern** hat sie schnell vergessen.

11.6 Großschreibung von Präpositionen

Werden Präpositionen im Satz zu Nomen, müssen sie großgeschrieben werden.
Beispiel: Man argumentiert, indem man das **Für** und **Wider** abwägt.

11.7 Großschreibung von Konjunktionen

Auch Konjunktionen können im Satz zu Nomen werden.
Beispiel: Sie kann dieses ewige **Wenn** und **Aber** nicht mehr hören.

11.8 Großschreibung von bestimmten und unbestimmten Zahlwörtern

✖ **Beispiele:** Sie schrieb in Mathe eine **Fünf**.
Am **Ersten** eines jeden Monats ist das Taschengeld fällig.
Er kommt als **Dritter** an die Reihe.
Die **Nächste** bitte!
Alles **Übrige** können wir morgen besprechen.
Das **Ganze** hat mich sehr gelangweilt.

➤ **Beachte:** Die **folgenden Zahladjektive** in allen ihren Formen werden **immer kleingeschrieben**:

- ◆ (die) vielen
- ◆ (die) wenigen
- ◆ (der, die, das) eine
- ◆ (der, die, das) andere
- ◆ (die) meisten

➤ **Beachte:** Bei **bestimmten Zahlwörtern** ist sowohl die Groß- als auch die Kleinschreibung erlaubt.

- ◆ einige Dutzend Brötchen   einige dutzend Brötchen
- ◆ mehrere Hundert Menschen   mehrere hundert Menschen
- ◆ viele Tausend Hektoliter   viele tausend Hektoliter

12 Großschreibung von Eigennamen

◇ **a)** Eigennamen werden großgeschrieben.

Beispiele: Peter, Berlin, Nordstraße

◇ **b)** Bei mehrteiligen Eigennamen und festen Verbindungen aus Adjektiv und Nomen (Substantiv) schreibt man das erste Wort und alle weiteren Wörter groß, ausgenommen es sind Artikel, Konjunktionen oder Präpositionen.

Beispiele:
Katharina die Große (russische Zarin)
der Alte Fritz (preußischer König)
Johann Wolfgang von Goethe (Dichter der deutschen Klassik)
Elisabeth die Zweite (britische Königin)

die Vereinigten Staaten von Amerika (USA)
Kahler Asten (höchste Erhebung im Sauerland)
die Holsteinische Schweiz
Stiller Ozean (Pazifik)
die Große Mauer (China)

der Westfälische Frieden (am Ende des Dreißigjährigen Krieges)
der Zweite Weltkrieg
der Erste Mai
der Regierende Bürgermeister
die Grünen (politische Partei)
der Rote Milan (Raubvogel)
das Fleißige Lieschen (Gartenblume)
der Heilige Abend
der Weiße Sonntag (Sonntag nach Ostern)

◇ **c)** Ableitungen von geographischen Eigennamen auf -er werden großgeschrieben.

Beispiele:
Stuttgarter Nachrichten
Frankfurter Würstchen
Berliner Bevölkerung
Schweizer Käse

Beachte: Manche Wortgruppen sind zu festen Verbindungen aus Adjektiv und Substantiv geworden. Man schreibt in diesen Verbindungen dennoch die Adjektive klein. Sie gelten nicht als Eigennamen, obwohl sie manchmal so wirken.

Beispiele:

Der Schiedsrichter zeigt die **r**ote Karte.

Die Schülerin heftet ihre Anzeige ans **s**chwarze Brett.

Sie hat das **g**roße Los gezogen.

Meine Großeltern feiern im nächsten Jahr ihre **g**oldene Hochzeit.

Der Einbrecher muß für einige Zeit hinter **s**chwedische Gardinen.

Das **n**eue Jahr wird mit Böllerschüssen begrüßt.

d) Ableitungen von Eigennamen mit Apostroph werden großgeschrieben.

Beispiele:

die Schiller'schen Balladen

die Goethe'schen Romane

die Darwin'sche Theorie

Beachte: Die Ableitung von Eigennamen, bei denen kein Apostroph verwendet wird, schreibt man klein.

Beispiele:

die schillerschen Balladen

die goetheschen Romane

die homerischen Epen

die darwinsche Theorie

das kopernikanische Weltsystem

der indische Tee

der englische Stoff

13 Kleinschreibung

Kleingeschrieben werden normalerweise alle Wortarten außer dem Nomen, nämlich: Verb, Adjektiv, Artikel, Pronomen, Adverb, Präposition, Konjunktion, Numerale, Interjektion. Sie werden nur dann großgeschrieben, wenn sie im Satz als Nomen gebraucht werden (Nominalisierung anderer Wortarten ⟋ S. 33).

Außerdem werden kleingeschrieben

a) Wörter im Satz (zum Beispiel Adjektive, Partizipien), die sich auf ein Nomen beziehen.

Beispiel: Diese Nachricht ist die **aktuellste** (Nachricht).
Aber: Sie erfahren das Aktuellste vom Tage.
Im zweiten Satz ist das Adjektiv zum Nomen geworden und wird großgeschrieben. Im ersten Satz bezieht sich das Adjektiv *aktuellste* auf *Nachricht*, das Nomen kann also in Gedanken ergänzt werden, daher wird das Adjektiv hier kleingeschrieben.
Weitere **Beispiele**:
Für ihn war sie die **schönste** (...) aller seiner Mitschülerinnen.
Spannende Bücher liest man lieber als **langweilige** (...).
Drei Teilnehmer waren bereits da, auf den **vierten** (...) wartete man vergebens.

b) Die folgenden Zahladjektive schreibt man in allen ihren Formen klein:
viel
wenig
(der/die/das) **eine**
(der/die/das) **andere**
die **meisten**

Beispiele:
Das haben schon **viele** behauptet.
Der **eine** sagt dies, der **andere** sagt das.
Sie wollten das **wenige** für sich behalten.

◆ **c)** Pronomen wie die folgenden werden immer kleingeschrieben:

mancher/manche/manches
jener/jene/jenes
einer/eine/eines
jeder/jede/jedes
alle/alles/allen
beide/beides/beiden

✖ **Beispiele:**
Wir haben das **allen** mitgeteilt.
Sie stimmte **beiden** zu.
Das muss ein **jeder** selbst wissen.

◆ **d)** Kardinalzahlen unter einer Million werden kleingeschrieben.

✖ **Beispiele:**
Diese **zwei** kenne ich doch.
Sie ist schon über **zwanzig**.

◆ **e)** Feste Verbindungen aus Präposition und nicht dekliniertem Adjektiv werden kleingeschrieben.

✖ **Beispiele:** von fern, schwarz auf weiß, ohne weiteres, über kurz oder lang, durch dick und dünn, von neuem, seit längerem, gegen bar, bis auf weiteres
Beispiel im Satzzusammenhang: Das kann ich dir **schwarz auf weiß** geben.

➤ **Beachte:** Dies ist ein Fest für **Jung** und **Alt**.
In diesem Beispiel wird die Verbindung großgeschrieben, weil man sagen kann: für Junge und Alte; die Adjektive können also dekliniert werden.

◆ **f)** Klein schreibt man Superlativ-Fügungen, nach denen mit „wie?" gefragt werden kann. (➚ S. 36)

✖ **Beispiel:** Wenn es **am schönsten** ist, soll man aufhören. (Frage: wenn es **wie** ist? Antwort: am schönsten)

Entsprechend kann man in dem folgenden Beispiel neben der
Großschreibung auch die Kleinschreibung wählen:
Er hat sie **aufs** (auf das) **herzlichste** begrüßt. (Frage: **Wie** hat
er sie begrüßt?)
Alternative: Er hat sie **aufs** (auf das) **Herzlichste** begrüßt.
(Herzlichste: Nomen)

➤ **Beachte** aber: Es fehlt ihm am **N**otwendigsten. (Frage:
woran? Antwort: am Notwendigsten) (➚ S. 36)

◆ **g)** Klein schreibt man Wörter, die ihre Aufgabe als Nomen
(Substantiv) verloren haben und die Aufgabe einer anderen
Wortgruppe übernehmen. Man spricht hier von **Desubstanti-
vierung**.
Solche Desubstantivierungen sind:

♦ folgende Wörter in Verbindung mit den Verben *sein*, *werden*,
haben:
angst, **bange**, **gram**, **leid**, **pleite**, **schuld**
Beispiele:
Mir wird **angst** und **bange**.
Ich bin **schuld**.
Er ist **pleite**.

➤ **Beachte** aber:
Ich habe **A**ngst.
Er hat **P**leite gemacht.
Er trägt die **S**chuld daran.

♦ Adverbien, Konjunktionen und Präpositionen auf -**s** und
-**ens**:
abseits, anfangs, falls, mittags, mittwochs, morgens, seitens,
teils ... teils
Beispiele: Sie empfindet **teils** Freude, **teils** Ablehnung.
Er hat **mittwochs** immer Basketball.
Am liebsten fahren wir **abseits** der großen Durchgangs-
straßen.

➤ **Beachte** die Schreibweise von **Tageszeiten** – einmal klein, einmal groß. (➚ S. 32)

als **Adverb**	als **Nomen (Substantiv)**
heute	das **H**eute
morgen	gestern **M**orgen
abends	am **A**bend
montagabends	an diesem **M**ontagabend
sonntags	jeden **S**onntagabend
	der **S**onntagabend

◆ bestimmte Präpositionen:
anstatt, dank, inmitten, kraft, trotz, statt, wegen, zeit
Beispiel: Er wird **zeit** seines Lebens daran denken.

◆ die folgenden unbestimmten Zahlwörter:
ein **bisschen** (= ein wenig), ein **paar** (= einige)
Beispiel: Sie braucht ein **paar** Stunden dazu.

➤ **Beachte:** Großgeschrieben wird *Paar* in folgender Bedeutung:
Die beiden gelten in ihrer Klasse als **Paar**.
Heute kaufe ich mir ein **Paar** Schuhe.

◆ Uhrzeit und Maßangaben auf -**tel** und -**stel**
Beispiele: ein viertel Pfund, eine viertel Stunde, zwei hundertstel Sekunden schneller
um viertel drei (**aber**: um **V**iertel **vor** drei)

➤ **Beachte** aber die Großschreibung in allen übrigen Fällen.
Beispiele: das Viertel, ein Viertelkilo, das Vierteljahr, nach drei Viertelstunden,
um Viertel vor drei, ein Viertel des Umfangs

◆ Einmal groß – einmal klein: Hier kannst du wählen

Dabei kommt es darauf an, wie du die Ausdrücke jeweils verstehst, zum Beispiel als **Zusammensetzung** oder als **Wortgruppe** (⌁ Getrenntschreibung und Zusammenschreibung S. 49), als **Pronomen** oder als **Nomen**.

Zusammensetzung		Wortgruppe
aufgrund	oder	auf Grund
aufseiten	oder	auf Seiten
außerstande setzen	oder	außer Stande setzen
imstande sein	oder	im Stande sein
mithilfe	oder	mit Hilfe
vonseiten	oder	von Seiten
zugrunde gehen	oder	zu Grunde gehen
zulasten	oder	zu Lasten
zumute sein	oder	zu Mute sein
zustande bringen	oder	zu Stande bringen
zutage fördern	oder	zu Tage fördern

Pronomen		Nomen
die deinen	oder	die Deinen
die meinen	oder	die Meinen
die meinigen	oder	die Meinigen
das ihre	oder	das Ihre

Adjektiv		Nomen
aufs (auf das) herzlichste	oder	aufs (auf das) Herzlichste
aufs (auf das) beste	oder	aufs (auf das) Beste
aufs (auf das) innigste	oder	aufs (auf das) Innigste
aufs (auf das) schönste	oder	aufs (auf das) Schönste

(⌁ f) Kleinschreibung von bestimmten Superlativ-Fügungen S. 42/43)

14 Überblick: Die wichtigsten Regeln der Groß- und Kleinschreibung

Großschreibung

Nomen (Substantive)

Beispiele: der Hund, das dicke Buch, unser Urlaub

Eigennamen und feste Verbindungen

Beispiele: der Westfälische Frieden
Friedrich der Große
Frankfurter Würstchen

Nomen in Tageszeiten

Beispiele: heute Abend
am gestrigen Nachmittag
des Morgens

Andere Wortarten, die zu Nomen geworden sind

Beispiele: das Autofahren, das Laufen, sein Schnarchen
das Allerbeste, wenig Neues
auf dem Laufenden sein, das Weite suchen
das Hier und Heute, das Wenn und Aber, das Ach und Weh

Superlative von Adjektiven, die zu Nomen geworden sind

Beispiele: Sie sind auf das Beste angewiesen. (Frage: auf was?)
Es fehlt am Notwendigsten. (Frage: an was?)

Beachte aber die Kleinschreibung:
Sie spielt am schönsten. (Frage: wie?)

Hier sind Groß- und Kleinschreibung erlaubt:
Er begrüßt sie aufs herzlichste.
Er begrüßt sie aufs Herzlichste. (Frage: wie?)

Kleinschreibung

Alle Wortarten außer dem Nomen (Substantiv)

Pronomen

Beispiele: jeder (ein jeder, eine jede), mancher
alle, allen, alles
beide, beides

Zahladjektive

Beispiele: viel, wenig
(der/die/das/ein/eine) andere, anderer

Feste Verbindungen aus Präposition und nicht dekliniertem (nicht gebeugtem) Adjektiv

Beispiele: durch dick und dünn
bis auf weiteres
gegen bar
ohne weiteres
schwarz auf weiß
seit längerem
von fern, von neuem, von weit her
über kurz oder lang

Superlative von Adjektiven mit *am* (wenn die Frage lautet: wie?)

Beispiele: Sie spielt am besten.
Er ist am schönsten.

Desubstantivierungen, das heißt: Wörter, die ihre Aufgabe als Nomen (Substantiv) verloren haben und die Aufgabe einer anderen Wortart übernehmen

teils ... teils
anfangs
morgens
namens

ein bisschen
ein paar
ein wenig

dank seiner Hilfe
kraft eines starken Motors
trotz des Wetters
zeit seines Lebens

Im Zusammenhang mit den Verben *sein, werden, bleiben*:
angst, bange, leid, pleite, recht, schuld

Beispiele: Mir wird angst und bange.
Das ist mir recht.

Groß und klein!
Hier kann die Schreiberin/der Schreiber selbst entscheiden.

Antwort auf die Frage *wie*?

aufs Herzlichste   aufs herzlichste
aufs Schönste   aufs schönste

Verwendung als Nomen oder Pronomen

die Deinen   die deinen

**Verwendung als Zusammensetzung oder Wort-
gruppe**

zugrunde gehen   zu Grunde gehen
aufseiten   auf Seiten

Getrennt- und Zusammenschreibung

◇ Die **Getrenntschreibung** von Wörtern ist der Normalfall. Es handelt sich dabei um die Bestandteile von **Wortgruppen**.
Beispiele: aufeinander hören, Angst haben, getrennt schreiben

◇ **Zusammenschreibungen** sind die Ausnahme und bedürfen einer Regel. Es handelt sich bei der Zusammenschreibung um Bestandteile von **Zusammensetzungen**.
Beispiele: altersschwach, durchbrechen, liebäugeln, handhaben, zusammenschreiben

Manchmal kommt es bei der Frage, ob zusammengeschrieben oder getrennt geschrieben wird, auf den **Zusammenhang im Satz** an. Man kann dann das Wort als Zusammensetzung oder als Wortgruppe verstehen und schreibt entsprechend zusammen oder getrennt.
Beispiel: zustande – zu Stande (↗ S. 45)

Auf den folgenden Seiten werden die einzelnen Regeln für die Getrennt- und Zusammenschreibung aufgeführt. Der Überblick auf den Seiten 61-64 dient anschließend zur schnellen Orientierung; er kann die Regeln natürlich nicht ersetzen.

15 Getrenntschreibung

Getrennt geschrieben werden

◆ a) Bestandteile aus zusammengesetztem Adverb und Verb

Beispiele: abhanden kommen, abseits stehen, abwärts gehen, aneinander denken, aufeinander hören, auswendig lernen, barfuß gehen, daheim bleiben, durcheinander bringen, überhand nehmen, vonstatten gehen, zunichte machen

◆ b) Bestandteile aus Adjektiv und Verb, wenn das Adjektiv erweitert oder gesteigert werden kann

Beispiele: bekannt machen (bekannter machen, ganz bekannt machen), fest halten, kurz treten, leicht fallen, locker sitzen, nahe bringen, schlecht gehen, schnell laufen, schwer nehmen, zufrieden geben

Hilfe für die Schreibung: Bei den getrennt geschriebenen Wörtern lässt sich die **Steigerungsprobe** oder die **Erweiterungsprobe** machen:
gut schreiben – **besser** schreiben, **sehr gut** schreiben
frei sprechen – **freier** sprechen, **ganz frei** sprechen

➤ **Beachte:** Bei den folgenden Beispielen handelt es sich um unterschiedliche **Bedeutungen**, die durch eine jeweils unterschiedliche Schreibweise ausgedrückt werden.
gut schreiben (einen Aufsatz) – gutschreiben (einen Betrag)
frei sprechen (ohne Manuskript) – freisprechen (vor Gericht)
(↗ 20.2 S. 59)

◆ c) Bestandteile aus Partizip und Verb

Beispiele: getrennt schreiben, verloren gehen

◆ d) Bestandteile aus Nomen (Substantiv) und Verb

Beispiele: Acht geben, Angst haben, Auto fahren, Eis laufen, Pleite gehen, Rad fahren, Ski laufen

➤ **Beachte** aber: Bei den folgenden Schreibungen handelt es sich um substantivierte (nominalisierte) Verben. Hier wird zusammen- und großgeschrieben.

Beispiele: das Autofahren, das Eislaufen, das Radfahren, das Skilaufen

➤ **Beachte** die Ausnahmen: **Nicht getrennt** geschrieben werden Zusammensetzungen mit *haus-*, *heim-*, *irre-*, *preis-*, *stand-*, *statt-*, *teil-*, *wett-*, *wunder-*.

Beispiele: preisgeben – wir geben preis, wir gaben preis, wir haben preisgegeben (↗ Zusammensetzungen S. 49; ↗ 16 Zusammenschreibung in Verbindung mit Verben S. 52)

◆ e) Bestandteile aus Infinitiv und Verb

Beispiele: kennen lernen, liegen lassen, sitzen bleiben, spazieren gehen
(Infinitiv mit *zu*: einmal zusammen – einmal getrennt ↗ 20.4 S. 60)

◆ f) Verbindungen mit *sein*

Beispiele: außerstande sein, da sein, fertig sein, pleite sein, vonnöten sein, vorbei sein, vorhanden sein, zufrieden sein, zumute sein (auch: zu Mute sein) (↗ S. 45)

◆ g) Immer getrennt:
ohne dass, statt dass, außer dass
gar nicht, gar nichts, gar kein
wie viel
zu viel, zu wenig

Zu Verbindungen aus *zusammen* und Verb ↗ 20.3 S. 59.

16 Zusammenschreibung in Verbindung mit Verben

Zusammen schreibt man Bestandteile von Zusammensetzungen. (↗ S. 49)
Man unterscheidet:

◆ a) trennbare Zusammensetzungen
Hier kann die Reihenfolge der Bestandteile im Satz wechseln.

Beispiele: abändern, abbeißen, bloßstellen, hinzukommen
Er wollte ihn **bloßstellen.**
Er versuchte ihn **bloßzustellen.**
Er hat ihn wieder einmal **bloßgestellt.**
Er **stellte** ihn vor allen Leuten **bloß.**
Es soll nicht so sehr **auffallen.**
Es ist etwas **aufgefallen.**
Es **fiel** leider etwas **auf.**

◆ b) untrennbare Zusammensetzungen
Bei diesen Zusammensetzungen kann das Verb im Satz nicht getrennt werden.

Beispiele: langweilen, vollbringen, vollenden, weissagen
Er **frohlockte** über seine Vier in Englisch.
Sie wollte schon **frohlocken.**
Sie begann **zu frohlocken.**
Sie hat zu früh **frohlockt.**
Sie **frohlockte** mal wieder.
Wir können das anders **handhaben.**
Wir versuchten es geschickt zu **handhaben.**
Wir **handhaben** es geschickt.

 Beachte: Einige zusammengesetzte Verben können im Satz eine unterschiedliche **Bedeutung** haben, je nachdem, ob sie trennbar oder untrennbar sind.
Beispiele: Sie **übersetzt** den spanischen Text ins Deutsche.
Er **setzte** mit der Fähre **über** den Fluss.
Es **wiederholt** sich alles.
Er **holt** sich seine Hefte **wieder** zurück.
Ebenso: umfahren, durchbrechen

6.1 Zusammensetzungen aus Nomen (Substantiv) und Verb

Nomen können mit Verben Zusammensetzungen bilden.
Beispiele: brandmarken, handhaben, schlafwandeln, schluss-folgern, wehklagen, preisgeben, standhalten, irreführen, heimkommen
Er hat das Gerät nicht richtig **gehandhabt**.

6.2 Zusammensetzungen aus Adjektiv und Verb

Adjektive können mit Verben untrennbare Zusammensetzungen bilden.
Beispiele: frohlocken, langweilen, liebäugeln, liebkosen
Dies **langweilte** ihn immer wieder.

6.3 Zusammensetzungen aus Partikel und Verb

Partikeln können mit Verben Zusammensetzungen bilden.
Beispiele: durchbrechen, hintergehen, übersetzen, umfahren, unterstellen, wiederkommen, widersprechen
Sie **kommt** heute nicht mehr **wieder**.
Er wollte nie mehr **wiederkommen**.
Sie versprach **wiederzukommen**.

Beachte: In einigen Fällen sind Bedeutung und Schreibweise unterschiedlich, je nachdem, ob es sich um eine untrennbare oder trennbare Zusammensetzung handelt.
Beispiele: Sie **durchbrach** die Absperrung. (untrennbare Zusammensetzung)
Er **brach** die Brezel **durch**. (trennbare Zusammensetzung)
(↗ S. 52)
Bei den Partikeln *durch-*, *hinter-*, *über-*, *um-*, *unter-*, *wider-* und *wieder-* kann die Zusammensetzung mit Verb je nach Bedeutung trennbar oder untrennbar sein.

Es gibt eine große Anzahl von Zusammensetzungen aus Partikel und Verb (↗ folgende Seite).

ab-	-ändern
an-	-arbeiten
auf-	-beißen
aus-	-bestellen
dabei-	-biegen
dafür-	-fahren
darum-	-fallen
davon-	-führen
dazu-	-gewinnen
drauflos-	-halten
herunter-	-kommen
inne-	-laufen
los-	-reden
mit-	-rennen
voraus-	-sagen
vorüber-	-sprechen
weiter-	-tun
wider-	...
wieder-	
zurück-	
zusammen-	
...	

✖ **Beispiele:** anfahren, anfallen, anführen, anhalten, ankommen, anlaufen, ansagen, (jemandem etwas) antun drauflosarbeiten, herunterkommen, vorüberlaufen, (sich) zusammentun

➤ **Beachte:** Verbindungen mit *sein* gelten nicht als Zusammensetzung. Man schreibt sie stets getrennt.
Beispiele: da sein, dabei sein, fertig sein, vorbei sein

6.4 Trennbare Zusammensetzungen aus Adverb und Verb sowie Adjektiv und Verb

Adverbien und Adjektive können mit Verben trennbare Zusammensetzungen bilden.

Beispiele: bereithalten, fehlschlagen, freisprechen (für unschuldig befinden), gutschreiben (einen Betrag anrechnen)
Er hat ihm den Betrag **gutgeschrieben**.

Diese Zusammensetzungen kann man an einem der beiden folgenden Merkmale erkennen:

a) Der erste Bestandteil kommt in dieser Form nicht als selbstständiges Wort vor.

Beispiele: fehlgehen, kundgeben, weismachen

b) Der erste Bestandteil ist weder erweiterbar noch steigerbar.

Beispiele: bereithalten, fernsehen, freisprechen, gutschreiben, hochrechnen, totschlagen, wahrsagen

Zum Vergleich:
Getrenntschreibung bei zusammengesetztem Adverb und Verb ↗ a) S. 50,
Getrenntschreibung bei Adjektiven und Verb, wenn das Adjektiv erweitert oder gesteigert werden kann ↗ b) S. 50.

Beachte: Bei den folgenden Beispielen handelt es sich um unterschiedliche **Bedeutungen**, die durch eine jeweils unterschiedliche Schreibweise ausgedrückt werden.
gut schreiben (einen Aufsatz) – gutschreiben (einen Betrag)
frei sprechen (ohne Manuskript – freisprechen (vor Gericht)
(↗ 20.2 S. 59)

17 Zusammensetzungen mit Adjektiven, Partizipien, Zahlwörtern

Es gibt unterschiedlich gebaute Zusammensetzungen mit Adjektiven, Partizipien und Zahlwörtern.

Adjektive: altersschwach, bitterkalt, blaugrau, feuchtwarm, nasskalt

Partizipien: wehklagend, angsterfüllt

Zahlwörter: der zweihundertfünfzigste Besucher, siebenhundert, vierzehn

Im Einzelnen:

◆ a) Adjektivzusammensetzungen, bei denen der erste oder zweite Baustein nicht selbstständig vorkommt.

Beispiele: blauäugig, großspurig, letztmalig, schwerstbehindert, vieldeutig

◆ b) Adjektivzusammensetzungen mit Wortbausteinen, die eine bedeutungsverstärkende oder bedeutungsmindernde Aufgabe haben. Diese Wortbausteine sind:
brand-, dunkel-, erz-, extra-, gemein-, grund-, hyper-, stock-, super-, tod-, ur-, voll-

Beispiele: brandaktuell, stockdunkel, superleicht, todlangweilig

➤ **Beachte:** Getrennt geschrieben wird, wenn sich der erste Bestandteil einer Wortgruppe mit Adjektiv oder Partizip steigern lässt oder wenn sich die Wortgruppe erweitern lässt.
(↗ b) S. 50)
Beispiele:
ein **schwach** besiedeltes Land (ein **schwächer** besiedeltes Land, ein **äußerst schwach** besiedeltes Land)
ein **breit** gefächertes Angebot (ein **sehr breit** gefächertes Angebot)

18 Zusammensetzungen mit Nomen (Substantiven)

Verschiedene Wortarten können mit Nomen zusammengesetzt werden. Man schreibt sie zusammen.

Beispiele:

Klassenraum, Pausenhalle, Schulhof
Faultier, Fünfkampf, Fünfzigerjahre, Leerlauf
Rastplatz, Schreibheft
Bahnhofstraße, Drosselgasse
Europabrücke, Schillergedicht

19 Zusammensetzungen anderer Wortarten

Man schreibt Wörter aus verschiedenen Bausteinen zusammen, wenn die Wortart, Wortform oder Bedeutung der Einzelbestandteile nicht mehr deutlich erkennbar ist.

Dies betrifft:

a) Adverbien

Beispiele:

-auf	bergauf, landauf
-ab	bergab, landab
-dessen	infolgedessen
-dings	allerdings
-falls	allenfalls
-maßen	einigermaßen
-so	ebenso
-über	kopfüber
-wegs	geradewegs, keineswegs
-weilen	bisweilen
irgend-	irgendwo, irgendwann, irgendwohin
zu-	zuerst, zuallererst, zuletzt

➤ **Beachte** aber die Getrenntschreibung, wenn ein Bestandteil erweitert ist.

Zur Gegenüberstellung:

diesmal	dieses Mal
stromabwärts	den Strom abwärts
keinesfalls	in keinem Fall

(↗ 20.5 S. 60)

◆ b) Konjunktionen

Beispiele: anstatt, sobald, sofern, solange, sooft, soviel, soweit

➤ **Beachte** die Wortart!

Konjunktionen werden zusammengeschrieben, aber nicht die Verbindungen von Partikel und Adjektiv, die ähnlich klingen.

Konjunktion: Soweit ich es beurteilen kann, ist die Lösung falsch.

Partikel + Adjektiv: **So weit** ist es noch bis zum nächsten Ort?

◆ c) Präpositionen

Beispiele: anhand, infolge, inmitten, zufolge, zuliebe

◆ d) Pronomen

Beispiele mit irgend-: irgendein, irgendetwas, irgendjemand, irgendwas, irgendwelcher, irgendwer

➤ **Beachte** aber die Getrenntschreibung, wenn ein Bestandteil erweitert ist.

Zur Gegenüberstellung:

irgendein	irgend so ein
irgend was	irgend so etwas

(↗ 20.5 S. 60)

20 Einmal getrennt (Wortgruppe) – einmal zusammen (Zusammensetzung)

20.1 Adjektiv oder Partizip und Verb

Getrennt wird geschrieben, wenn das Adjektiv oder Partizip gesteigert oder die Wortgruppe erweitert werden kann. (Steigerungsprobe oder Erweiterungsprobe ↗ S. 50)

✖ Beispiele:

- Schreibung als Wortgruppe (getrennt):
  genau nehmen (**genauer** nehmen, **ganz genau** nehmen)
  ebenso: gut gehen, leicht fallen, sich zufrieden geben
- Schreibung als Zusammensetzung (zusammen, ↗ S. 52):
  fernsehen, schwarzfahren, sich langweilen, vollenden

20.2 Zwei Bedeutungen – zwei Schreibweisen

Bei einigen Verbindungen mit Verben wird je nach Bedeutung zusammen- oder getrennt geschrieben.

✖ Beispiele:

als Zusammensetzung	als Wortgruppe
gutschreiben (auf dem Konto)	gut schreiben (einen Aufsatz) (Probe: besser schreiben)
freisprechen (vor Gericht)	frei sprechen (bei einem Vortrag) (Probe: ganz frei sprechen)
sichergehen (Gewissheit haben)	sicher gehen (Probe: sicherer gehen)

20.3 Verbindungen mit dem Wortbaustein *zusammen*

Immer wenn das Wort *zusammen* die Bedeutung *gemeinsam* hat, wird es vom nachfolgenden Verb getrennt geschrieben.

Beispiel:

zusammen	getrennt
Sie war vor Schreck zusammengefahren.	Wir werden zusammen (gemeinsam) fahren.

20.4 Infinitiv mit *zu*: einmal zusammen – einmal getrennt

Bildet *zu* die Vorsilbe (Präfix) eines Verbs, wird es mit diesem zusammengeschrieben. Das Verb mit der Vorsilbe *zu* ist dann eine trennbare Zusammensetzung (↗ S. 70).

In den folgenden Beispielen mit dem Infinitiv *zu* handelt es sich um die beiden Verben *geben* und *zugeben*.

geben: Sie vergaß ihm das Buch **zu geben**. (Wortgruppe)
zugeben: Er weigerte sich den Fehler **zuzugeben**. (Zusammensetzung)

Er hat den Fehler nicht **zugegeben**.

20.5 „Formulierungssache": Zusammensetzung oder Wortgruppe?

Beispiele:

Formulierung als Zusammensetzung zusammengeschrieben	Formulierung als Wortgruppe getrennt geschrieben
diesmal	dieses Mal
einmal	ein einziges Mal
erstmals	das erste Mal
letztmals	das letzte Mal
herzerfrischend	das Herz erfrischend
jederzeit	zu jeder Zeit
keinesfalls	in keinem Fall
meterhoch	einige Meter hoch
stromabwärts	den Strom abwärts
irgendeiner	irgend so einer

21 Überblick: Getrennt- und Zusammenschreibung auf einen Blick

Getrenntschreibung (Wortgruppe)

Verb

■ Nomen (Substantiv) und Verb

Beispiele: Angst haben, Feuer fangen, Fuß fassen, Halt machen, Leid tun, Maß halten, Not leiden, Rad fahren, Schlange stehen

■ Wortgruppe aus Adjektiv und Verb, wenn das Adjektiv steigerbar oder erweiterbar ist

Beispiele: fest halten (fester halten, ganz besonders fest halten)
genau nehmen (genauer nehmen, sehr genau nehmen)
gut gehen
leicht fallen

■ Infinitiv und Verb

Beispiele: kennen lernen, sie lernt ihn kennen
laufen lassen

■ Partizip und Verb

Beispiele: gefangen nehmen, getrennt schreiben

■ Adverb und Verb

Beispiel: abseits stehen, daheim bleiben, rückwärts fallen, seitwärts treten, vorwärts blicken

■ Das Verb *sein* in Verbindung mit anderen Wörtern

Beispiele: da sein, fertig sein, pleite sein, vorbei sein, vorhanden sein, zufrieden sein, zurück sein

Adjektiv und Partizip

Wortgruppe aus Adjektiv und Partizip, wenn sich der erste Bestandteil steigern lässt oder wenn sich die Wortgruppe erweitern lässt

Beispiel: ein schwach besiedeltes Land (ein schwächer/ein sehr schwach besiedeltes Land)

Wortgruppen, in denen der erste Bestandteil aus einem Adjektiv mit der Endung -ig, -isch oder -lich besteht

Beispiele: deutlich gemacht
emsig arbeitend
freundlich lachend

Die folgenden Wortgruppen

- außer dass, ohne dass, statt dass
- gar nicht, gar kein
- wie viel
- zu viel, zu wenig

Zusammenschreibung (Zusammensetzung)

Verb

Untrennbare Verben
Beispiele: frohlocken, liebkosen, vollenden, wetteifern

Zusammensetzungen mit den verblassten Nomen
heim-, irre-, preis-, stand-, statt-, teil-, wett-, wunder-
Beispiele: standhalten, wetteifern

Adjektiv und Partizip

Zusammensetzungen aus gleichrangigen Adjektiven,
das heißt, man könnte ein *und* zwischen beide setzen
Beispiele: dummdreist, nasskalt

**Zusammensetzungen, in denen der erste Bestandteil
für eine Wortgruppe steht**
Beispiel: freudestrahlend (vor Freude strahlend)

**Zusammensetzungen, in denen der erste oder zweite
Bestandteil so nicht selbstständig vorkommt**
Beispiele: letztmalig, redselig, vieldeutig

**Zusammensetzungen mit einem bedeutungsverstär-
kenden Bestandteil**
Beispiele: superschlau, todlangweilig

**Zusammensetzungen aus Bestandteilen, deren Zu-
gehörigkeit zu ihren ursprünglichen Wortarten
oder -formen nicht mehr deutlich erkennbar ist**
Beispiele: bergauf, bisweilen, irgendein, irgendwo

Getrennt (Wortgruppe) und zusammen (Zusammensetzung)

Hier kann die Schreiberin/der Schreiber selbst entscheiden, ob sie/er Wortbestandteile als Zusammensetzung oder als Wortgruppe betrachtet.

Schreibung als Zusammensetzung	Schreibung als Wortgruppe
anstelle	an Stelle
aufgrund	auf Grund
aufseiten	auf Seiten
mithilfe	mit Hilfe
zugunsten	zu Gunsten
infrage stellen	in Frage stellen
zugrunde gehen	zu Grunde gehen
zumute sein	zu Mute sein
sich etwas zuschulden kommen lassen	sich etwas zu Schulden kommen lassen
zustande bringen	zu Stande bringen
ein Achtelliter	ein achtel Liter
ein Viertelkilogramm	ein viertel Kilogramm
sodass	so dass
stattdessen	statt dessen

Besonderheiten

----

22 Schreibung mit Bindestrich

2.1 Bindestrich in Zusammensetzungen

Die Schreibung mit Bindestrich bietet die Möglichkeit Wörter übersichtlich zu gliedern. Der Bindestrich erlaubt dem/der Schreibenden, in bestimmten Fällen anstelle der üblichen Zusammenschreibung die einzelnen Bestandteile als solche zu kennzeichnen und dadurch für die Leser deutlich zu machen.

Zusammengesetzte Wörter werden normalerweise ohne Bindestrich geschrieben.
Beispiele: pulvertrocken, nasskalt, Schutzvorrichtung, Windschutzscheibe

Man **muss** einen Bindestrich setzen:

a) in Zusammensetzungen mit Einzelbuchstaben, Abkürzungen oder Ziffern

Beispiele: 4-silbig, 6-Tonner, der 18-Jährige, 2-zeilig, A-Dur, s-Laut, T-Shirt, UKW-Antenne, dpa-Meldung, Kfz-Werkstatt

b) in Aneinanderreihungen, insbesondere bei substantivisch (als Nomen) gebrauchten Infinitiven

Beispiele: das Auf-die-lange-Bank-Schieben, das In-den-Tag-Hineinträumen, das Von-der-Hand-in-den-Mund-Leben, das Entweder-oder, das Als-ob, das Sowohl-als-auch

◆ c) in mehrteiligen Zusammensetzungen, in denen eine Wortgruppe oder Zusammensetzung mit Bindestrich auftritt

Beispiele: A-Dur-Tonleiter, 5-Mark-Stück, 20-Pfennig-Brief-
marke, 500-Jahr-Feier, Hals-Nasen-Ohren-Klinik, Kopf-an-
Kopf-Rennen, Nord-Süd-Schiene, Mund-zu-Mund-Beatmung

◆ Man **kann** einen Bindestrich setzen, um einzelne Wortbestandteile hervorzuheben, unübersichtliche Zusammensetzungen zu gliedern oder Missverständnisse zu vermeiden.
Beispiele: Ich-Sucht, Ich-Erzählung (statt Ichsucht, Icherzäh-
lung)
Einkommensteuer-Tabelle, Kraftfahrzeug-Steuer
Kaffee-Ersatz, See-Elefant, Tee-Ecke

➥ **Beachte** die unterschiedliche Bedeutung, die erst durch das
Einfügen des Bindestrichs deutlich wird:
Druck-Erzeugnis/Drucker-Zeugnis
Musik-Erleben/Musiker-Leben

22.2 Bindestrich als Ergänzung

Wird bei Zusammensetzungen ein gemeinsamer Wortbestand-
teil ausgelassen, so wird als Ergänzung ein Bindestrich gesetzt.
Beispiele: Ein- und Ausgang, bergauf und -ab, Geld- und
andere Sorgen, saft- und kraftlos, ein- bis zweimal

➥ **Beachte** aber die unterschiedliche Bedeutung, die einzelne
Ausdrücke haben können. Je nach Bedeutung wird anders
geschrieben:
ab- und zunehmen, (abnehmen und zunehmen)/ab und zu nehmen (gelegentlich nehmen)

23 Fremdwörter

Grundsätzlich darf man Fremdwörter so schreiben, wie sie im Original (das heißt: in ihrer ursprünglichen Sprache) geschrieben werden.

✄ Beispiele:

Phantasie, Photographie
Portemonnaie
charmant, chic
existentiell
Joghurt, Nougat

3.1 Fremdsprachige Schreibung – deutsche Schreibung

Bei etlichen Fremdwörtern ist die Schreibweise dem Deutschen angepasst worden. In einigen Fällen wird die fremdsprachige Schreibung bevorzugt und die deutsche erlaubt, in anderen Fällen ist es umgekehrt.

Fremdsprachige Schreibweise bevorzugt		Deutsche Schreibweise erlaubt	
ch	charmant, Charme	**sch**	scharmant, Scharm
c	Creme	**k**	Kreme
é	Coupé	**ee**	Kupee
gh	Joghurt	**g**	Jogurt
	Spaghetti		Spagetti
ph	Delphin	**f**	Delfin
	Geographie		Geografie
	Paragraph		Paragraf
	Orthographie		Orthografie
	Saxophon		Saxofon
th	Panther	**t**	Panter
	Thunfisch		Tunfisch

Deutsche Schreib- weise bevorzugt		Fremdsprachige Schreib- weise erlaubt	
sch	Ketschup Scheck schick	**ch**	Ketchup Check chic
k	Disko Klub kontra Krepp Kusine zirka	**c**	Disco Club contra Crêpe Cousine circa
ee	Varietee passee Portmonee	**é** **aie**	Varieté passé Portemonnaie
ä	Majonäse	**ai**	Majonnaise
ziell	existenziell Existenzialismus potenziell substanziell	**tiell**	existentiell Existentialismus potentiell substantiell
f	Fotografie Biografie Fantasie Stenografie Grafik	**ph**	Photographie Biographie Phantasie Stenographie Graphik
u	Nugat	**ou**	Nougat

3.2 Weitere Grundsätze für die Schreibung von Fremdwörtern

◆ a) Anders als in deutschen Wörtern folgt in manchen Fremdwörtern nach einem betonten kurzen Vokal nur ein einzelner Konsonant, kein verdoppelter.

Beispiele: Chip, fit, Mini

◆ b) In einigen Fremdwörtern wird der Konsonant verdoppelt, auch dann, wenn der vorausgehende Vokal nicht betont ist.

Beispiele: akkurat, Differenz, Grammatik, kontrollieren, korrekt

◆ c) Statt ck steht in Fremdwörtern nach einem kurzen Vokal ein einfaches k, manchmal auch ein kk.

Beispiele: Doktor, Takt, Dialekt
Akkusativ, Sakko, Akku
(↗ 3.2 Besondere Regelungen: k und ck S. 14)

◆ d) Statt tz steht in Fremdwörtern nach einem kurzen Vokal zz.

Beispiele: Pizza, Razzia, Skizze
(↗ 3.2 Besondere Regelungen: z und tz S. 14)

◆ e) In Fremdwörtern wird das im Inlaut lang ausgesprochene [i] häufig durch den Buchstaben **i** wiedergegeben; am Wortende wird das lang ausgesprochene [i] oft durch **-ie**, **-ier**, **-ieren** wiedergegeben.

Beispiele: Maschine, Violine, Krokodil, Ventil, Stativ, Vitamine
Deponie, Harmonie, Sinfonie, Spalier, garnieren

◆ f) In Fremdwörtern schreibt man v für den Laut [w].

Beispiele: Vase, Initiative

24 Worttrennung am Zeilenende

◆ a) Wörter trennt man nach Sprechsilben.

Beispiele: A-bend, spie-len

Dabei kommt, falls vorhanden, ein Konsonant auf die nächste Zeile. Bei mehreren Konsonanten trennt man nur den letzten ab.

Beispiele: bei-ßen, El-tern, es-sen, Fens-ter, imp-fen, knusp-rig

◆ b) Einsilbige Wörter kann man nicht trennen.

Beispiele: oft, Huhn, Land

◆ c) Buchstabenverbindungen, die für **einen** Konsonanten stehen, trennt man nicht: ch, sch, ph, rh, th, ck.

Beispiele: su-chen, wa-schen, Ste-phan, Stro-phe, Zi-ther, Zu-cker

◆ d) Zusammensetzungen und Wörter mit Präfix (Vorsilbe) trennt man zwischen den einzelnen Bestandteilen; die Bestandteile trennt man weiter nach Sprechsilben (↗ Zusammensetzungen S. 49).

Beispiele: Er-trag, zu-sam-men, pro-gram-mie-ren, See-u-fer, Papp-pla-kat

◆ e) Wörter, die nicht mehr als Zusammensetzungen empfunden werden, kann man auf zweierlei Weise trennen.

Beispiele: da-rum / dar-um
ei-nan-der / ein-an-der
he-ran / her-an
he-run-ter / her-un-ter
hi-nauf / hin-auf
vol-len-den / voll-en-den
vo-raus / vor-aus
wa-rum / war-um

◆ f) Worttrennung bei Fremdwörtern
Wie deutsche Wörter kann man auch Fremdwörter auf unterschiedliche Weise trennen.

Beispiele:
Hektar: Hekt-ar / Hek-tar
Magnet: Mag-net / Ma-gnet
Quadrat: Quad-rat / Qua-drat
noble: nob-le / no-ble
interessant: in-ter-es-sant / in-te-res-sant
Pädagoge: Päd-a-go-ge / Pä-da-go-ge

Zeichensetzung

Satzzeichen und ihre Regeln sind Bestandteile der Rechtschreibung, sie helfen mit, einen Text übersichtlich und lesbar zu gestalten und Missverständnisse zu verhindern. Sie können außerdem eine bestimmte Aussageabsicht des Schreibers/der Schreiberin ausdrücken. Deshalb gibt es manchmal mehrere Möglichkeiten.

25 Satzschlusszeichen

Der Schluss ganzer Sätze kann durch unterschiedliche Satzzeichen gekennzeichnet werden.

◆ Aussage oder Feststellung → Aussagesatz: endet mit einem **Punkt**
  Beispiele:
  Gestern war ich nicht da**.**
  Ich heiße Johanna Leifeld**.**
◆ Aufforderung/Ausruf/Wunsch → Aufforderungssatz/Ausrufesatz/Wunschsatz: endet mit einem **Ausrufezeichen**
  Beispiele:
  Gib mir das Heft, bitte**!**
  Schluss jetzt**!**
  Prima**!**
  Wenn es doch endlich schön würde**!**
◆ Frage → Fragesatz: endet mit einem **Fragezeichen**
  Beispiele:
  Kommst du heute**?**
  Wer spielt mit**?**

26 Gliederung von Hauptsätzen: Punkt, Komma, Semikolon, Gedankenstrich

Will man mehrere Hauptsätze miteinander verbinden bzw. aufeinander beziehen, so kann man unterschiedliche Möglichkeiten wählen, je nachdem, wie stark man die Sätze inhaltlich voneinander abgrenzen will.

Beispiele:

Punkt: In der Schule war noch niemand. Ich ging langsam hinein.

Komma: In der Schule war noch niemand, ich ging langsam hinein. (↗ 28.3 Komma zwischen Hauptsätzen S. 75)

Semikolon: In der Schule war noch niemand; ich ging langsam hinein. (↗ S. 74)

Gedankenstrich: In der Schule war noch niemand – ich ging langsam hinein.

27 Doppelpunkt

Mit dem Doppelpunkt kündigt man an, dass etwas folgt. Dabei kann es im Einzelnen gehen um:

- wörtlich wiedergegebene Äußerungen (wörtliche Rede)
  Beispiel: Sie fragte: „Bis wann soll das Referat fertig sein?"
- angekündigte Sätze, Satzstücke oder Angaben in Formularen
  Beispiele: Das Sprichwort heißt: Was ich nicht weiß, macht mich nicht heiß.
  Diagnose: Mandelentzündung
  Deutsch: befriedigend
- angekündigte Aufzählungen
  Beispiel: Heute Nachmittag erwartet er die folgenden Mitschülerinnen und Mitschüler: Pia, Jana, Boris, Linus.
- Sätze, die etwas vorher Geschriebenes in einem Ausdruck zusammenfassen
  Beispiel: Musik, Sport, Tanz: All das macht meinem Bruder viel Spaß.

28 Komma

28.1 Komma bei Aufzählungen

Mit dem Komma kann man gleichrangige Wörter, Wortgruppen und Sätze voneinander abgrenzen bzw. aufeinander beziehen. Sind die gleichrangigen Teile der Aufzählung durch die Bindewörter *und*, *oder*, *sowie* verbunden, so entfällt das Komma.

- ◆ Gleichrangige Wörter: Sie liest gerne Krimis, Liebesgeschichten und Abenteuerromane.

Beachte: Das **Semikolon** trennt in Aufzählungen einzelne Gruppen gleichrangiger Wörter stärker als das Komma.
Beispiel: Jan kaufte heute Morgen eine Menge: zwei Hefte, einen Füller, ein Radiergummi; zwei Apfelsinen, drei Äpfel; ein halbes Brot, zwei Brötchen, eine Brezel.

- ◆ Gleichrangige Wortgruppen: In den Ferien will er in die Berge fahren, mit seinem Freund wandern, eine Woche faulenzen.
- ◆ Gleichrangige Sätze: Ich habe sie besucht, wir haben ein Glas Tee getrunken und ich bin dann wieder gegangen. Seid ihr einverstanden oder habt ihr noch Einwände?

Beachte: Ein Komma **kann** gesetzt werden: Bei gleichrangigen Teilsätzen kann man ein Komma vor *und* setzen, um die Gliederung des Gesamtsatzes deutlich zu machen und Missverständnisse zu vermeiden.
Beispiele: Sie traf sich mit ihrer Freundin(,) **und** deren Bruder kam auch mit.
Er fotografiert seinen Freund(,) **und** seine Freundin schaut zu.
Man könnte ohne Komma auch zunächst lesen:
Sie traf sich mit ihrer Freundin und deren Bruder ...
(Weitere Beispiele dafür, wie man durch Kommasetzung Missverständnisse vermeiden kann ↗ S. 80.)

8.2 Komma vor entgegenstellenden Konjunktionen

Man setzt ein Komma, wenn entgegenstellende Konjunktionen wie *aber*, *doch*, *jedoch*, *sondern* zwischen gleichrangigen Wörtern, Wortgruppen oder Sätzen stehen.

Beispiele: Ich komme mit, **aber** nicht heute.
Wir fahren nicht nur bei Sonnenschein, **sondern** auch bei schlechtem Wetter.

8.3 Komma zwischen Hauptsätzen

Gehören Hauptsätze inhaltlich zusammen, können sie durch das Komma zu gleichrangigen (nebengeordneten) Teilsätzen eines ganzen Satzes verbunden werden. Man spricht dann von einer **Satzreihe**.

Beispiel: Paulina geht jetzt schon auf den Pausenhof, Steffen folgt ihr.

Das Komma wird auch gesetzt, wenn die beiden Hauptsätze durch entgegenstellende Konjunktionen verbunden sind wie *aber*, *sondern*, *doch*, *jedoch* oder durch nebenordnende Konjunktionen wie *daher*, *dennoch*, *trotzdem*.

Beispiele: Paulina geht auf den Pausenhof, **aber** Steffen folgt ihr nicht.
Paulina geht heute allein auf den Pausenhof, **daher** folgt Steffen ihr.
Pia ist nicht besonders gut in Mathe, **trotzdem** hat sie eine Zwei geschafft.

Beachte: Werden die Hauptsätze durch *und*, *oder*, *sowie* verbunden, wird in der Regel kein Komma gesetzt. (↗ S. 74 oben)
Beispiele: Das Vorbereitungsteam für die Klassenfete trifft sich im Zeichensaal **und** sie besprechen dort, was jeder mitbringen soll.
Georg wird sich um die Getränke kümmern **oder** er besorgt eine Musikanlage.

28.4 Komma zwischen Hauptsatz und Gliedsatz (Nebensatz)

Sind Hauptsatz und Gliedsatz in einem Satz aufeinander bezogen und ineinander gefügt, spricht man von **Satzgefüge**. In einem Satzgefüge werden <u>Hauptsatz</u> und <u>Gliedsatz</u> immer durch Komma voneinander getrennt.

Der Gliedsatz kann vorn stehen, er kann hinten stehen oder er kann in der Mitte stehen.

Beispiele:

Gliedsatz hinten: <u>Sie fährt mit der Straßenbahn</u>, weil ihr Fahrrad einen Platten hat.

Gliedsatz vorn: Weil ihr Fahrrad einen Platten hat, <u>fährt sie mit der Straßenbahn.</u>

Gliedsatz in der Mitte: <u>Sie fährt</u>, weil ihr Fahrrad einen Platten hat, <u>mit der Straßenbahn.</u>

Beachte bei einem in der Mitte stehenden Gliedsatz das Komma **vor und nach** dem Gliedsatz!

Arten von Gliedsätzen

Die beiden wichtigsten Gliedsatz-Arten sind folgende:

a) der konjunktionale Gliedsatz (Konjunktionalsatz)

Dieser Gliedsatz wird eingeleitet durch eine **unterordnende Konjunktion** (Bindewort); damit wird der Gliedsatz dem Hauptsatz (oft auch Trägersatz oder Basissatz genannt) untergeordnet.

Beispiel:

Hauptsatz	Konjunktion
	↓

<u>Er geht nach Haus,</u>

weil <u>er sich geärgert hat.</u>

Gliedsatz

Weitere **Beispiele**:

<u>Ich hoffe</u>, **dass** <u>du kommst.</u>
Nachdem sie ihm die Meinung gesagt hat, <u>ist er beleidigt.</u>

b) der Relativsatz

Dieser Gliedsatz wird durch ein **Relativpronomen** (bezügliches Fürwort) eingeleitet. Das Relativpronomen bezieht den Gliedsatz auf den Hauptsatz.

Der Relativsatz kann hinter dem Hauptsatz stehen oder er kann in den Hauptsatz eingefügt sein.

Beispiele:

> **Relativpronomen**
> ↓

Tina besucht heute Mark,

den sie lange nicht gesehen hat.

Das Buch   ist sehr spannend.

, **das** du mir geliehen hast,

➡ **Beachte:** Vor *und* steht ein Komma, wenn ein eingeschobener Gliedsatz vorausgeht. (↗ 28.4 S. 76)
Beispiel: Karina, die heute leider keine Zeit hat**,** und ihre Freundin Pia wollten eigentlich in die Disko gehen.

Auch die beiden folgenden Formen von Gliedsätzen tauchen häufig auf.

c) Gliedsatz mit w-Fragewort

Beispiele: Er wusste nicht,

wann sie kommt.

Sie fragt ihn,

wo er wohnt.

d) Indirekte Rede in der Funktion eines Gliedsatzes

Die indirekte Rede wird durch Komma vom Begleitsatz abgegrenzt.

Beispiel: Er meinte**,** sie solle jetzt besser gehen.

Gliedsätze kann man oft auch daran erkennen, dass in ihnen das flektierte (gebeugte) **Verb am Schluss** steht.
Beispiel: Er weiß noch nicht, wann sie **kommt**.

28.5 Komma bei Einschüben oder Zusätzen

Einschübe oder Zusätze grenzt man durch Komma vom Hauptsatz ab.

Beispiele: Yvonne, **die Klassenbuchführerin**, hat eine Eintragung vergessen.
Eines Tages, **es war ein Mittwoch**, stand sie vor der Tür.
Tina, **meine beste Freundin**, hat mich heute sehr enttäuscht.
Er ist gut in Mathe, **besonders in der Prozentrechnung**.
Er, **ohne richtig hinzuhören**, redete die ganze Zeit.
Jana, **spritzig und schnell**, gewann das Match.

Die Klasse, **von der Stimme des Erzählers gebannt**, hörte interessiert zu.
Die Klasse hörte interessiert zu, **von der Stimme des Erzählers gebannt**.

Beachte: Vor *und* steht ein Komma, wenn ein Einschub vorausgeht.
Beispiel: Sie sah Jan auf einer Fete, **es war reiner Zufall**, und sie war auf der Stelle in ihn verliebt.

Beachte: Zusätze oder Nachträge kann man auch mit einem Gedankenstrich abgrenzen. Mit diesem Zeichen kennzeichnet man stärker als mit dem Komma, dass man etwas als Zusatz oder Nachtrag verstanden wissen möchte.
Komma: Eines schönen Tages, es war damals sehr heiß, kam Sara zu Besuch.
Gedankenstrich: Eines schönen Tages – es war damals sehr heiß – kam Sara zu Besuch.

Beachte: Manchmal liegt es im Ermessen des Schreibenden, ob er etwas als Nachtrag oder Zusatz kennzeichnen will oder nicht.
Beispiele: Er fing(,) trotz aller guten Vorsätze(,) wieder mit der alten Geschichte an.
Sie hat sich(,) den ganzen Nachmittag über(,) mit dieser Frage beschäftigt.

8.6 Komma bei Anreden, Ausrufen, hervorgehobenen Stellungnahmen

Eine Anrede, ein Ausruf (mit einem Empfindungswort, z.B. *aua*, *bäh*) oder eine Stellungnahme kann vorangestellt, nachgestellt oder eingeschlossen sein und wird jeweils mit Komma abgetrennt.

Beispiele:

Pia, nun sei doch mal still!

Kommst du wirklich nicht mit, **Jan**?

Aua, das tat aber weh!

Darauf kann ich mich nicht einlassen, **leider**.

Komm doch mit, **bitte**!

Ich sende dir, **liebe Conni**, herzliche Feriengrüße.

Nein, das darfst du nicht!

8.7 Komma bei angekündigten Wortgruppen oder bei einem Bezug auf Wortgruppen

Bei angekündigten Wortgruppen setzt man ein Komma.
Solche Wortgruppen sind zum Beispiel Infinitivgruppen oder Partizipgruppen.

Beispiele:

Sie freut sich <u>darauf</u>, **mit ihm spazieren zu gehen**. (Infinitivgruppe)

Er dachte nicht <u>daran</u>, **das Treffen abzusagen**.

<u>Daran</u>, **das Treffen abzusagen**, dachte er nicht.

Sie dachte gar nicht <u>daran</u>, **mit ihm zu kommen**, und lief weg.

Mit ihm spazieren zu gehen, <u>darauf</u> freute sie sich.

Sein größter Wunsch ist <u>es</u>, **in den großen Ferien seine Tante in Kanada zu besuchen**.

Von Zweifeln geplagt, <u>so</u> trennte sich Pauline von Michael. (Partizipgruppe)

<u>So</u>, **die Arme weit ausgebreitet**, kam sie auf mich zu.

<u>Diese beiden</u> Unzertrennlichen, **Tina und Boris**, gingen mal wieder ihre eigenen Wege.

Du und ich, <u>wir</u> beide wissen das ganz genau.

28.8 Komma? Kein Komma?

Manchmal kommt es auf den Zusammenhang im Satz an, ob man ein Komma setzt oder nicht. Dies bleibt dann dem/der Schreibenden überlassen.

◆ Bei formelhaften Gliedsätzen kann man das Komma weglassen.
   Beispiele:
   Ich komme(,) **falls notwendig**(,) heute Nachmittag.
   Wie bereits gesagt(,) bin ich pünktlich.

◆ Manchmal setzt man ein Komma, um Missverständnisse zu vermeiden (↗ S. 74)
   Beispiele:
   Er freut sich, auch wenn sie nur eine Karte schreibt.
   Er freut sich auch, wenn sie nur eine Karte schreibt.

   Sie sorgt sich um ihn, vor allem, wenn er eine lange Reise macht.
   Sie sorgt sich um ihn vor allem, wenn er eine lange Reise macht.

   Sie riet, ihrem Bruder zu helfen.
   Sie riet ihrem Bruder, zu helfen.

   Paula erhält das Buch, nicht aber Georg.
   Paula erhält das Buch nicht, aber Georg.

   Jana behauptet, Steffi spielt heute sehr schlecht.
   Jana, behauptet Steffi, spielt heute sehr schlecht.

   Er will, sie nicht.
   Er will sie nicht.

◆ Manchmal kann der Schreiber/die Schreiberin selbst entscheiden, ob er/sie ein Komma setzen will oder nicht.
   Bei dem folgenden Satz muss man kein Komma setzen:
   Sie wartet auf Tim(,) und Boris holt schon mal Karten.
   Mit dem Komma wird jedoch sofort die Gliederung des Satzes deutlich. Ohne Komma würde man vielleicht zunächst verstehen: Sie wartet auf Tim und Boris ...

◆ Auch bei erweiterten Infinitiven und Partizipien muss kein Komma gesetzt werden.
Man **kann** es aber setzen, um die Gliederung des Gesamtsatzes zu verdeutlichen.
Beispiele:
Den Jubel der Zuschauer genießend(,) ging die Klavierspielerin zur Bühnenrampe.
Ohne nach rechts und links zu schauen(,) durchquerte sie den Saal.

Beachte aber: Komma bei angekündigten Wortgruppen
(↗ S. 79). Hier **muss** bei erweiterten Infinitiven und Partizipien ein Komma gesetzt werden.
Beispiele:
Nach Hause zu gehen, daran dachte sie nicht.
Von dem Musikstück überaus begeistert, so verließ sie die Konzerthalle.
An diesen beiden Tagen, **Montag und Dienstag**, ging aber auch alles schief.
Ihr größtes Vergnügen ist es, **am Sonntag mal so richtig ausschlafen**.

28.9 Überblick: Die wichtigsten Kommaregeln auf einen Blick

Das Komma wird in den folgenden Fällen gesetzt:

Komma bei Aufzählungen
Beispiel: Pia, Jana und Birgit sind gute Freundinnen.

Komma bei Einschüben oder Komma bei Zusätzen, nachgeschobenen Erklärungen
Beispiel: Boris, mein Freund, kommt mit.

Komma vor entgegenstellenden Konjunktionen
Beispiel: Tina will mir helfen, aber Lara nicht.

Komma trennt Ausrufe, Anreden, Bejahungen, Verneinungen, Bekräftigungen vom übrigen Satz
Beispiele: Lass das, Sven! Toll, das finde ich gut.

Komma bei angekündigten Wortgruppen
Beispiel: Sich mal zu entschuldigen, daran dachte er nie.

Komma zwischen Hauptsätzen (Satzreihe) (wenn sie durch *und*, *oder*, *sowie* miteinander verbunden sind, muss kein Komma gesetzt werden)
Beispiel: Wenzel will an dem Projekt teilnehmen, (denn) Jana will auch mitmachen.

Komma trennt Hauptsatz und Gliedsatz (einfaches Satzgefüge)
Beispiel: Pauline will kommen, weil Carsten auch kommt.

- Komma trennt Hauptsatz und Gliedsätze (komplexes Satzgefüge)

Beispiel: Iris verabredet sich mit Kai, den sie mag, weil er nicht mitgelacht hatte, als sie keine Antwort wusste.

- Komma zwischen der wörtlichen Rede und dem folgenden Begleitsatz

Beispiel: „Hast du heute Zeit?", fragt Pauline.

Das Komma kann, muss aber in den folgenden Fällen nicht gesetzt werden:

- Komma vor *und* bei der Aufzählung gleichrangiger Hauptsätze

Beispiel: Ria spielt auf dem Klavier(,) und Sven begleitet sie auf seiner Klarinette.

- Komma bei erweitertem Infinitiv und Partizip

Beispiele: Ihren Erfolg voll und ganz auskostend(,) verbeugte sie sich vor der Bühne. Ohne nach rechts und links zu schauen(,) läuft sie durch den Saal.

- Komma bei formelhaften verkürzten Gliedsätzen

Beispiele: Davon abgesehen(,) ist er ein netter Kerl. Es kam(,) kurz gesagt(,) zu keinem Ergebnis.

29 Anführungszeichen

Etwas wörtlich Wiedergegebenes schließt man mit Anführungszeichen ein.

29.1 Wörtliche Rede

Wörtliche Rede wird in Anführungszeichen gesetzt.

Beachte: Bei der Wiedergabe wörtlicher Äußerungen ist vor allem darauf zu achten, dass nach der wörtlichen Rede immer dann ein **Komma** gesetzt wird, wenn der Begleitsatz folgt oder wenn der Begleitsatz nach der wörtlichen Rede weitergeht. (Vergleiche dazu die Punkte 2, 3 und 4 im folgenden Überblick.)

Beachte: Sowohl die wörtliche Rede als auch der Begleitsatz behalten ihre Ausrufe- oder Fragezeichen.
Beispiele: Fragtest du nicht: „Wann beginnt der Film**?**"**?**
Sag ihm endlich mal deutlich: „Lass das sein**!**"**!**
Frag ihn doch mal: „Kannst du das nicht akzeptieren**?**"**!**

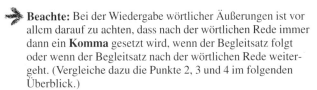

1. Begleitsatz vorn	
Begleitsatz	*Wörtliche Rede*
① Carina meint:	*„Heute fahren wir weg."* (Aussagesatz)
② Lars fragt:	*„Fahren wir heute?"* (Fragesatz)
③ Jens ruft:	*„Fahrt doch mit!"* (Aufforderungssatz/Wunschsatz/Ausruf)

2. Begleitsatz hinten

Wörtliche Rede	Begleitsatz
① *„Heute fahren wir weg"*,	meinte Carina
② *„Fahren wir heute?"*,	fragt Lars
③ *„Fahrt doch mit!"*,	ruft Jens

3. Begleitsatz in der Mitte

Wörtliche Rede	Begleitsatz	Wörtliche Rede
① *„Morgen früh"*,	bemerkt Martina,	*„fahren wir los."*
② *„Das verstehe ich nicht"*,	meint Steffi,	*„warum fahren wir nicht mit dem Bus?"*
③ *„Das machen wir"*,	ruft Frau Hermes,	*„kommt mal alle her!"*

4. Der Begleitsatz geht weiter

Begleitsatz	Wörtliche Rede	Begleitsatz
① Sie bemerkte:	*„Es ist kalt heute"*,	und zog sich einen Mantel an.
② Sie fragte:	*„Kommst du jetzt?"*,	und schloss die Tür auf.
③ Sie forderte ihn auf:	*„Lass das sein!"*,	und drehte ihm den Rücken zu.

29.2 Wörtlich wiedergegebene Textstellen (Zitate)

Zitate werden in Anführungszeichen gesetzt.
Beispiel: Zu Beginn des Romans „Der Untertan" von Heinrich Mann heißt es: „Diederich Heßling war ein weiches Kind, das am liebsten träumte, sich vor allem fürchtete und viel an den Ohren litt."

29.3 Hervorhebungen von Wörtern oder Textteilen

a) Titel von Büchern, Zeitschriften, Radio- und Fernsehsendungen und Überschriften von Gedichten und anderen Texten werden in Anführungszeichen gesetzt.

Beispiel: In der Klasse 8a wird im Deutschunterricht Goethes Ballade „Der Zauberlehrling" behandelt.

b) Sprichwörter oder Wörter, über die man eine Aussage machen will, werden in Anführungszeichen gesetzt.

Beispiele: Die beiden Sprichwörter „Eile mit Weile" und „Wer rastet, der rostet" ergänzen sich gut.
Ein Nomen nach der Präposition „durch" steht im 4. Fall.

c) Wörter oder Wortgruppen, die man anders als sonst verstanden wissen möchte, zum Beispiel ironisch, werden in Anführungszeichen gesetzt.

Beispiel: Es war kalt und hat die ganze Zeit geregnet, das war vielleicht ein „Badeurlaub".

29.4 Halbe Anführungszeichen

Steht in einem Text mit Anführungszeichen etwas bereits Angeführtes, so kennzeichnet man dies durch halbe Anführungszeichen.
Beispiel: Janina schreibt in der letzten Nummer des Schülermagazins: „Die SV hat einstimmig beschlossen: ‚Wir setzen uns für die Einrichtung einer Cafeteria ein.' Die SV hofft auf die Unterstützung des Fördervereins."

Verzeichnis schwierig zu schreibender Wörter und Ausdrücke

abends
montagabends
gestern/heute/
   morgen Abend
abwärts gehen
abseits
in Acht nehmen
der/die Achte
8-jährig
der/die 8-Jährige
über achtzig
allein erziehend
die Alleinerziehende
allein selig machend
Akkordeon
Allee
im Allgemeinen
allzu oft
allzu sehr
für Alt und Jung
er bleibt der Alte
alles beim Alten lassen
der/die/das andere
alle anderen
nichts anderes
anders denkend
aneinander geraten
jemandem Angst machen
im Argen liegen
bei Arm und Reich
aufeinander folgen
ein Aufsehen erregendes
   Ereignis
auseinander gehen
aus sein

außerstande, auch:
   außer Stande

Balkon
behände
beieinander sitzen
beisammen sein
jeder/jede Beliebige
im Besonderen
es ist das Beste
zum Besten geben
in Betreff
in/mit Bezug auf
Biss
bisschen
blau gestreift
bleiben lassen
braun gebrannt
brütend heiß

Chaussee
Cleverness
Computer

da sein
dabei sein
dahinter kommen (= erfahren,
   etwas herausfinden)
danebenbenehmen (↗ Zusam-
   mensetzung S. 52)
daneben stellen (↗ Wortgruppe
   S. 49/50)
darauf folgend
daraufhin
das (Artikel oder Pronomen)

dasjenige
dass (Konjunktion)
auf dass
bis dass
sodass, auch: so dass
dasselbe
Delphin, auch: Delfin
dessen ungeachtet
auf Deutsch
durcheinander bringen

im Einzelnen
das erste Mal, zum ersten Mal
der/die/das Erste
fürs Erste
die erste Hilfe

Fabrik
fallen lassen
fast (= beinahe)
sie fasst (von: fassen)
fern liegen
fertig bringen
fest angestellt
fett gedruckt
am folgenden Tag
im Folgenden
Folgendes
infrage, auch: in Frage
frisch gekocht
früh verstorben
fünftausend
der Fünftausender

im Ganzen gesehen
gar kein
gar nicht, gar nichts

genau genommen
genauso gut
frisch gepresst
gestern Abend/Morgen/Nachmittag/Nacht
getrennt lebend
glatt gehen
gleich lautend
das Gleiche
aufs Gleiche hinauslaufen
Gräuel
gräulich
grob gemahlen
im Großen und Ganzen
großschreiben (= mit großem Anfangsbuchstaben)
groß schreiben (= in großer Schrift; besonders beachten)
gut gehen
gut gelaunt
gut tun
gut unterrichtet

Halt machen
hart gekocht
heiß geliebt
heute Abend/Mittag/Morgen
mithilfe, auch: mit Hilfe
hundertprozentig

im Allgemeinen
im Besonderen
im Einzelnen
im Nachhinein
im Übrigen
im Voraus
im Vorhinein
in Betreff

in **B**ezug auf
infrage stellen, auch:
   in Frage stellen
instand halten, auch:
   in Stand halten
irgendetwas

ein **z**weijähriges Kind
ein **2-J**ähriger
ein **j**eder
jedes Mal
für **J**ung und Alt

Kaffee-Ersatz, auch:
   Kaffeeersatz
Kaninchen
klein gedruckt
klein schneiden
kleinschreiben (= mit klei-
   nem Anfangsbuchstaben)
klein schreiben (= in kleiner
   Schrift; nicht so wichtig
   nehmen)
Klima
kochend heiß
Kommissar
Kompromiss
kurz halten

länglich rund
laufen lassen
auf dem **L**aufenden sein
leid **sein**
Leid tun
der/die/das **L**etzte
als **L**etzter
lieb haben
liegen lassen

zum ersten **M**al
Millionen **M**al
Maschine schreiben
Maß halten
nicht im **M**indesten
Missverständnis
mit Bezug auf
mithilfe, auch: mit Hilfe
sein **M**öglichstes tun
morgen Abend/Mittag/Nacht
der frühe **M**orgen
gestern/heute **M**orgen
zumute sein, auch:
   zu Mute sein

im **N**achhinein
die **n**ächste Straße
der **N**ächste
nahe liegen, nahe stehen
nichts sagend
nummerieren
Nummerierung
Nussschale, auch:
   Nuss-Schale

ein **p**aar Bücher
ein schönes **P**aar
Panther, auch: Panter
pleite **sein**
Pleite gehen, **P**leite machen
Portemonnaie, auch:
   Portmonee
privat versichert
Probe fahren

Qual
Quäntchen
Quark

Rad fahren
das **ist** mir **r**echt
Recht behalten/bekommen/
   haben
jemandem **R**echt geben
Redaktion
Revolution
richtig stellen
ruhen lassen
ruhig stellen

sauber halten, sauber
   machen
schief gehen
Schifffahrt, auch:
   Schiff-Fahrt
schlecht gehen
schlecht gelaunt
das **S**chlimmste
aufs **S**chlimmste gefasst
   sein
schmutzig grau
schnelllebig
schuld **sein**
an etwas **S**chuld haben
sein lassen
aufseiten, auch: auf Seiten
selbständig, auch:
   selbstständig
sitzen bleiben, sitzen
   lassen
sodass, auch: so dass
so viel, so viele
alles Sonstige
Spaghetti, auch: Spagetti
spazieren fahren, spazieren
   gehen
Stängel

stattdessen
stehen bleiben, stehen lassen
Stewardess
still sitzen
im **S**tillen

tagaus, tagein
Telefon
Terrasse
Tiger
tot geboren
Tourist
treu ergeben
im **T**rüben fischen
tschüs, auch: tschüss

übel nehmen
überhand nehmen
überschwänglich
übrig bleiben, übrig lassen
alles **Ü**brige
im **Ü**brigen
im **U**nklaren
   bleiben/lassen/sein
Unrecht behalten/haben
unten stehend
untereinander schreiben

im **V**erborgenen blühen
verloren gehen
viel befahren, viel gelesen
viel zu viel, viel zu wenig
die **v**ielen
vielleicht
vonseiten, auch: von Seiten
im **V**oraus
vorwärts gehen, vorwärts
   kommen

weich gekocht
weiß gekleidet
aus Schwarz Weiß machen
weit verbreitet
des Weiteren
widersprechen
wiederholen (wieder =
    zurück)
wieder holen (wieder =
    erneut, noch einmal)
wiederkommen
wie viel, wie viele
der wievielte Versuch?
der Wievielte ist heute?

zeitweise
eine Zeit lang
zufrieden stellen
zugrunde liegend, auch:
    zu Grunde liegend
zugrunde richten, auch:
    zu Grunde richten

zugunsten, auch:
    zu Gunsten
zuletzt
zumute sein, auch:
    zu Mute sein
zurande kommen, auch:
    zu Rande kommen
zusammenschreiben
    (zusammen = in eins)
diese Bestandteile werden zu-
    sammengeschrieben
zusammen schreiben
    (zusammen = gemeinsam)
sie haben das Buch zusammen
    geschrieben
zusammen sein
zustande bringen, auch:
    zu Stande bringen
zu viel, zu viele
zu wenig
das zweite Mal
jeder/jede Zweite

Stichwortverzeichnis